Die schönsten Wanderungen rund um Meran

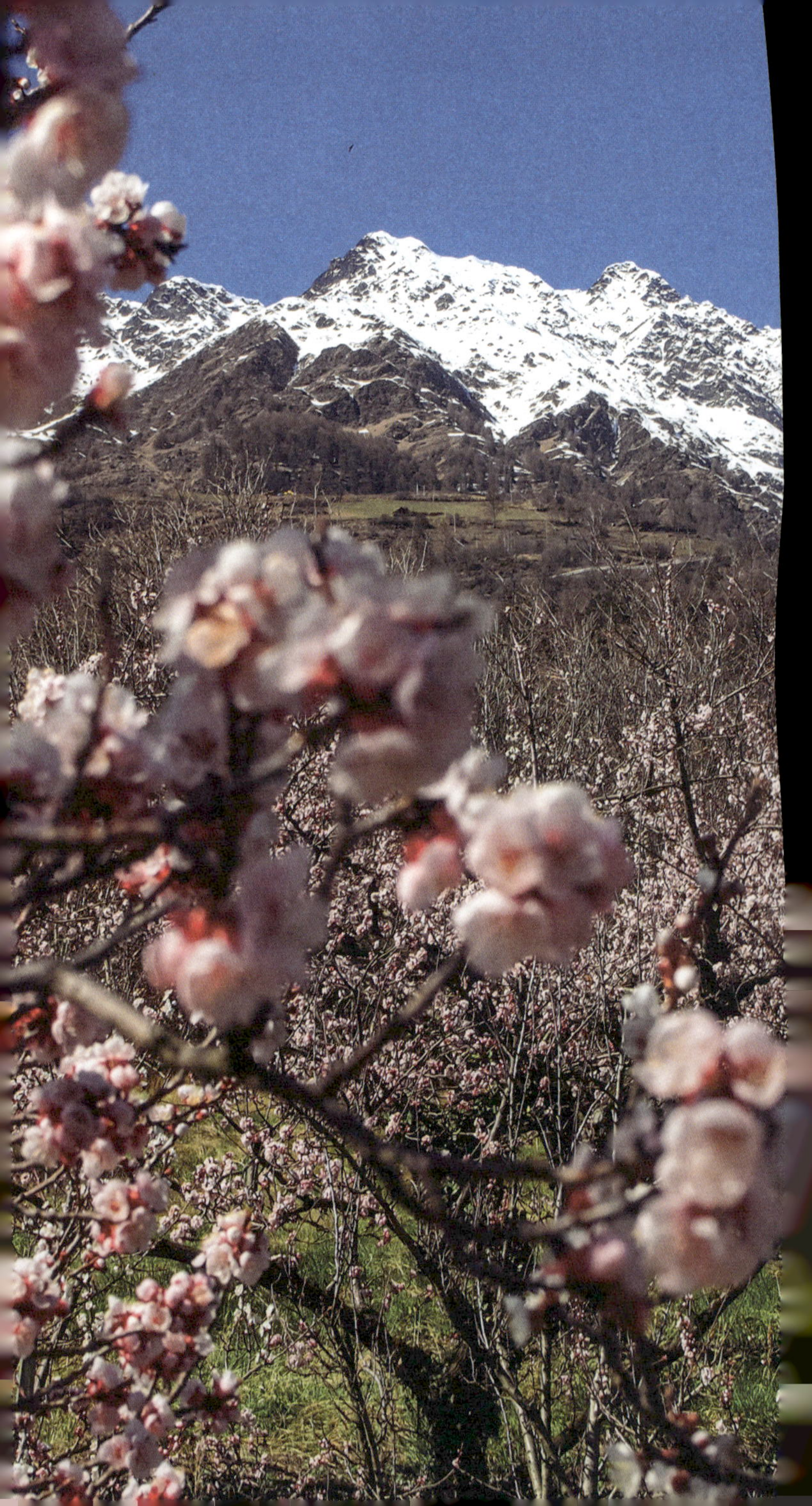

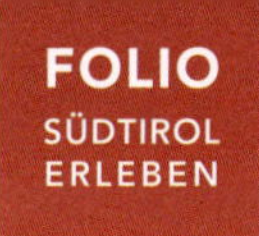

Oswald Stimpfl

Die schönsten Wanderungen rund um Meran

Leichte und lohnende Ziele

Folio Verlag Wien – Bozen

HINWEIS

Alle Angaben erfolgen nach bestem Wissen und Gewissen. Sämtliche Informationen wurden gewissenhaft recherchiert, doch Ruhetage oder Öffnungszeiten können sich kurzfristig ändern. Daher empfehlen wir Ihnen, sich vorher zusätzlich telefonisch zu informieren. Die beschriebenen Wanderungen werden auf eigenes Risiko unternommen; Autor und Verlag übernehmen keinerlei Haftung.

SYMBOLE

Wandertipp	Höhenleistung
Einkehrtipps	Strecke
Charakteristik	Beste Zeit
Start	Anfahrt + Parkplatz
Schwierigkeit	Öffentliche Verkehrsmittel
Gehzeit	Zusatzinfos

DIE SCHWIERIGKEITSBEWERTUNG DER WANDERUNGEN

Alle Wanderungen im Buch fallen nach der gängigen Schwierigkeitsskala von Alpenvereinen unter die Klassifizierung „blau", das heißt leicht. Wir bewerten die Touren zusätzlich in drei Stufen:

Leicht: geringe Höhenunterschiede, breite Wege, keine Anforderungen an Kondition und Trittsicherheit. Mit festen Turnschuhen möglich.

Mittel: Mit normaler Kondition gut zu bewältigen, Höhenunterschiede selten über 400 Hm. Kurze steile An- und Abstieg möglich, etwas Trittsicherheit nötig, ausgesetzte Stellen sind gesichert. Festes Schuhwerk.

Schwer: Schwierige Abschnitte sind zwar gesichert, aber ausgesetzt und oft holprig, felsig. Trittsicherheit und gutes Schuhwerk nötig, Kinder an der Hand führen. Nur bei Schneefreiheit und sicherem, trockenen Wetter begehen!

BILDNACHWEIS

Umschlagfoto: Auf dem Tappeinerweg; Foto: Suedtirolfoto/Helmuth Rier
Kurverwaltung Meran/Simon Koy: S. 8–9
Anja Eichelsdörfer: S. 96
Seilbahn Unterstell: S. 28
Alle anderen Fotos stammen von Oswald Stimpfl.

2., aktualisierte Auflage 2023

Lektorat: Petra Tappeiner
Grafikkonzept: no.parking, Vicenza
Satz und Druckvorstufe: Typoplus, Frangart
Kartografie: geomarketing der Athesia Buch GmbH, Bozen
Printed in Italy
ISBN 978-3-85256-808-9
www.folioverlag.com

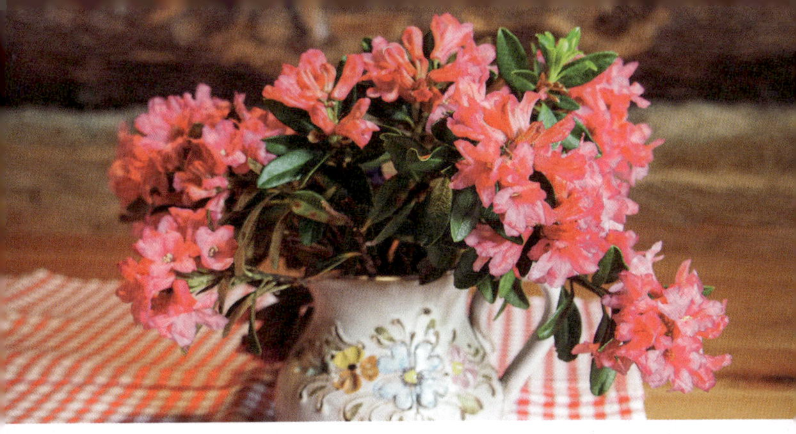

Inhaltsverzeichnis

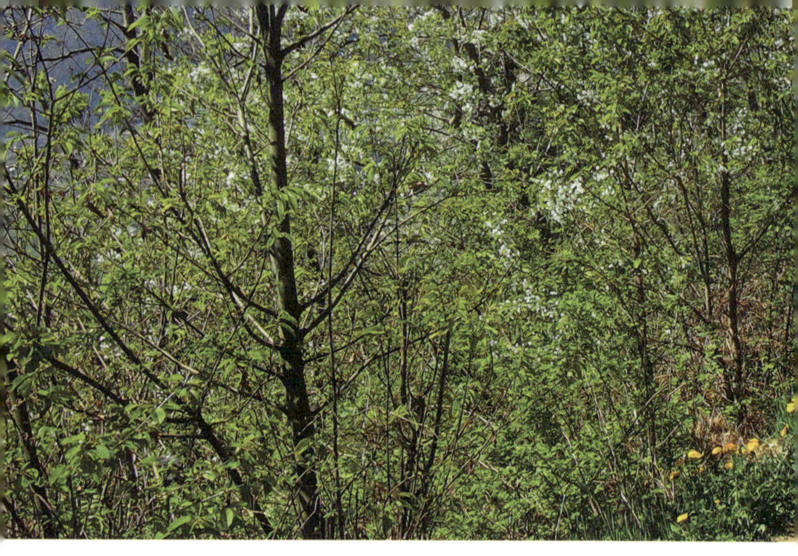

Vorwort

Liebe Leserin und lieber Leser, liebe Wanderfreunde!

Sie sind bereits dort oder wollen erst hin? Meran liegt auf der Sonnenseite der Alpen, war einst Sehnsuchtsort der Donaumonarchie und Treffpunkt von Schickeria, Blut- und Geldadel. Die renommierte Kurstadt hat längst den Staub der Vergangenheit abgeschüttelt, es gibt nicht nur den alten Charme, sondern auch viel Neues und Urbanes zu entdecken, Sie werden staunen! Das Publikum ist jünger, bunter und unternehmungslustiger. Um das Städtchen breitet sich im Schutz hoher Berge eine Reihe lebhafter Dörfer aus, eine Landschaft wie geschaffen für einen Wanderurlaub der Sonderklasse. Egal, zu welcher Jahreszeit Sie kommen, Wandern steht auf der Beliebtheitsskala der Gäste ganz oben: Im Frühjahr geht's durch blühende Apfelanlagen, im Sommer über blumenübersäte Almwiesen, im Herbst durch Weinbaugebiete, der Winter lockt mit stadtnahen, sonnigen Promenaden. Gut ausgeschilderte Wanderwege erschließen die Landschaft, Bergbahnen verkürzen die Anstiege. Mit diesem Führer in der Hand finden Sie die richtigen „Insidertipps" für einen erlebnisreichen Urlaub. Und keine Angst, die vorgestellten Wanderungen sind nicht für höhenmeterfressende, trainierte Alpinisten ausgelegt, vielmehr stelle ich familienfreundliche, gemütliche Wanderungen und Spazierwege vor. Lassen Sie das Auto in der Garage, die meisten Ziele sind mit den öffentlichen Verkehrsmitteln zu erreichen. Auch fehlt es nicht an Einkehrtipps oder Hinweisen zu Sehenswürdigkeiten am Weg. Kommen Sie einfach mit!
Oswald Stimpfl

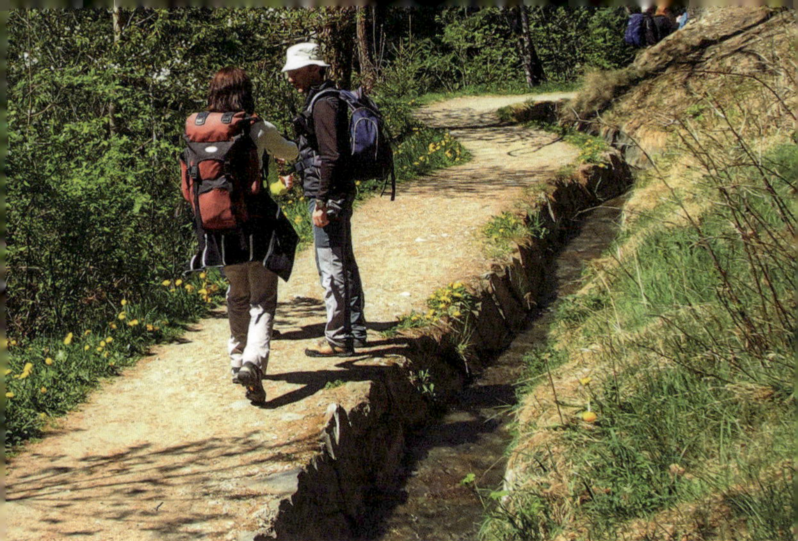

WAALWEGE

Die Waalwege haben sich zu äußerst beliebten Wanderwegen entwickelt, auf ihnen können die Hänge meist ohne großes Auf und Ab bequem und sicher durchwandert werden, an ausgesetzten und steilen Stellen sind sie mit Geländern, Treppen, Stegen und Brücken versehen, sie sind gut markiert, und oft liegen Gastwirtschaften jedweder Art ganz in der Nähe. Im Vinschgau und Meraner Raum ist die durchschnittliche Niederschlagsmenge pro Jahr zu gering, um ohne künstliche Bewässerung eine ertragreiche Landwirtschaft betreiben zu können. Aus diesem Grund waren die Bauern gezwungen, ein wohldurchdachtes System von Kanälen anzulegen, das Wasser aus den Gebirgsbächen ableitete und über teils lange Strecken zu den trockenen Fluren und Feldern führte. Erste schriftliche Hinweise auf die Waale finden sich um 1290 unter dem Namen „aquale", dem romanischen Begriff für Kanal (Wasserleitung). Der Waaler, der Wasserwächter, wartete den Waal, ging die Waalstrecke ab, reinigte die Rechen vom Treibgut, öffnete die Schleusen bei Gewitter und kontrollierte die Wasserentnahme, welche einer im Lauf der Jahrhunderte entstandenen und festgelegten Ordnung folgte. Oft wohnte er in der Sommerzeit in einem Häuschen an der Strecke, der „Waalerhütt", ein Wasserrad ließ über einen Hammer eine Glocke erklingen, wenn sie nicht mehr ertönte, war das ein Alarmzeichen, es galt der Spruch: „Bleibt das Wasser aus, muss der Waaler aus dem Haus!". Die Waale wurden meist von einer Interessentschaft von Bauern erbaut und verwaltet, die Nutzungsrechte sind sogar im Grundbuch eingetragen.

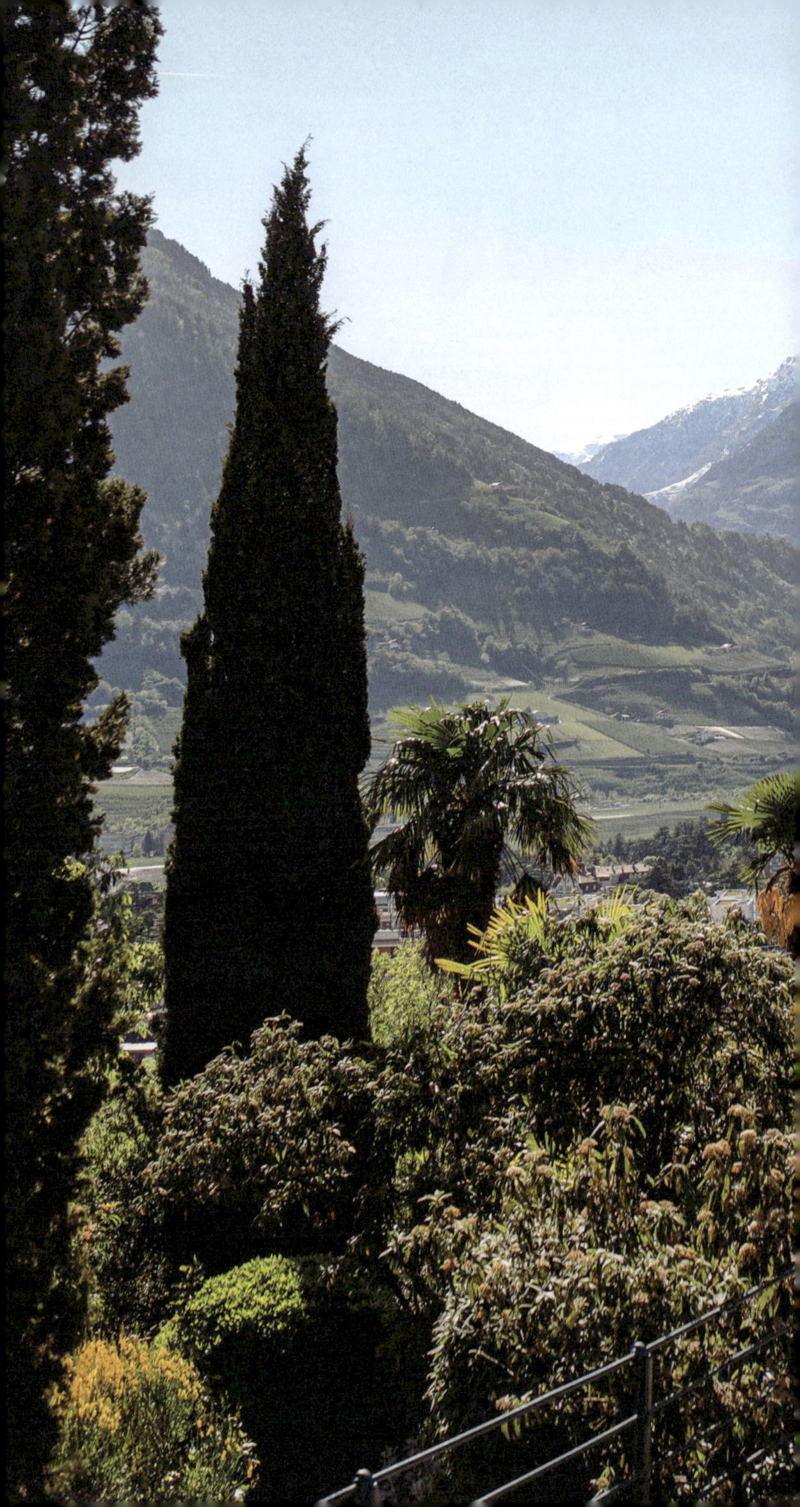

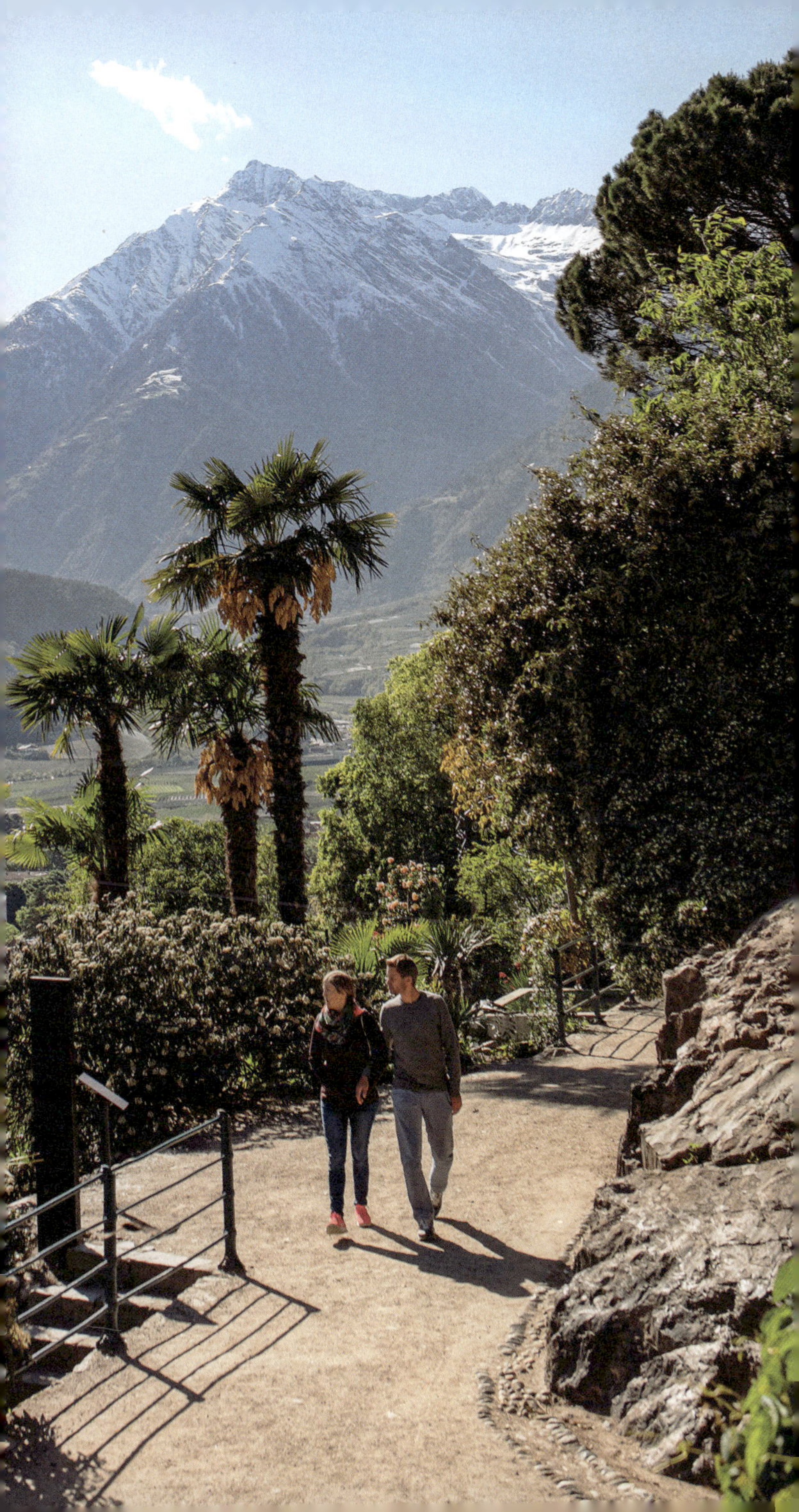

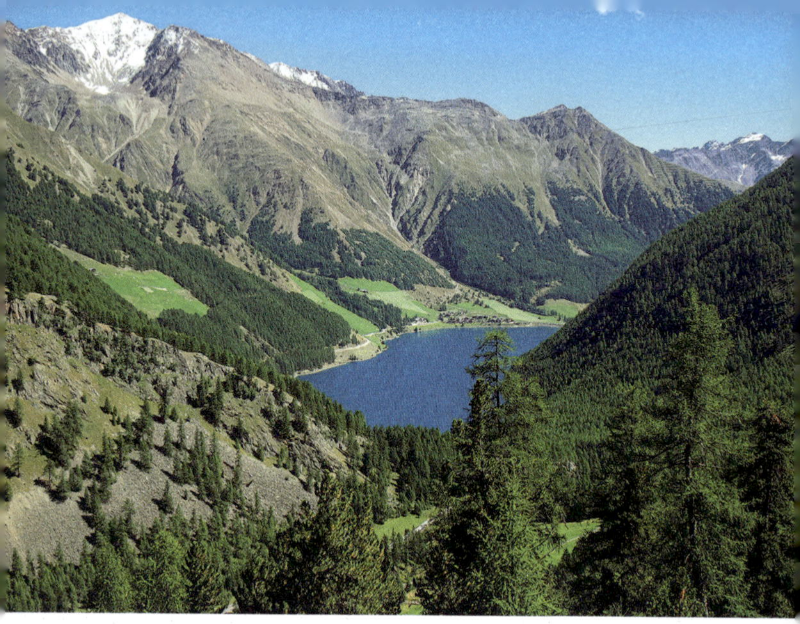

1 Zur Berglalm in Schnals

Flankiert von mächtigen Bergriesen zieht sich das Schnalstal von Naturns fast 30 km lang bis zu den Gletschern der Ötztaler Alpen hin. Trotz der Enge hat es mit seinen typischen Bergbauernhöfen, dem türkisen Vernagtsee und der großartigen Gebirgskulisse seinen besonderen Reiz. Eine Wanderung zur urigen Berglalm auf 2.214 m verspricht unberührte Berglandschaft, schönste Ausblicke und gute Hüttenkost.

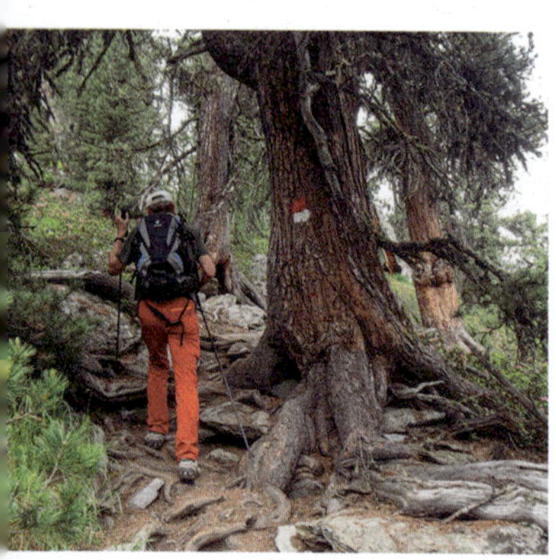

Bei den Köfelhöfen beginnt unser Weg (Nr. 5), führt anfänglich über Wiesen, tritt in einen Lärchenwald ein und flankiert den Hang, immer mäßig ansteigend. Im Hintergrund liegen die Hotelsiedlung von Kurzras und mächtige Berggipfel, deren höchster die Weißkugel (3.739 m) ist. Unterwegs treffen wir auf ein Bildstöckl des hl. Martin, dann auf eine munter plätschernde Quelle. Bei einem Wiesenboden mit rauschendem Bach (wir merken uns die Stelle,

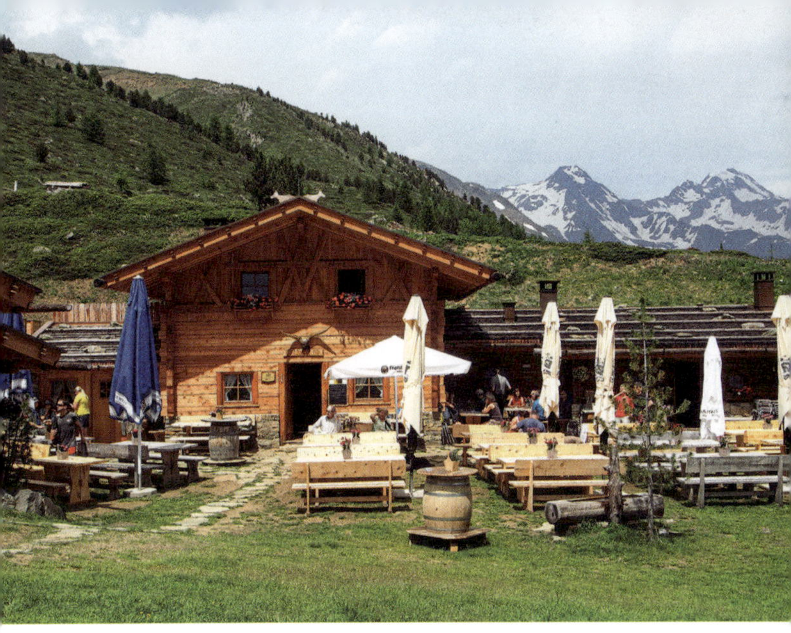

am Rückweg nehmen wir ab hier eine andere Strecke) folgen wir den Schildern „Taschenjöchl" und „Berglalm" und gehen im Wesentlichen eben, streckenweise auf und ab, durch herrlichen Zirbenwald bis zur Alm, die sich auf einem sonnigen Almboden ausbreitet. Gegenüber liegt der Similaun mit der Fundstelle des Ötzi, im Tal der grüne Vernagtsee, im Süden sind die Zacken der Texelgruppe zu sehen. Auf dem Rückweg nehmen wir nach der kleinen Brücke über den Bach den herrlichen Waldsteig Nr. 4 (Wegweiser „Kurzras"), beim Wieshof biegen wir auf einem Wiesenweg zu den bereits in Sichtweite liegenden Köfelhöfen ab.

DAS TAL ALS FILMKULISSE

Das finstere Tal ist ein preisgekrönter österreichisch-deutscher Spielfilm aus dem Jahr 2014. Der Alpenwestern wurde beim Marchegghof, nahe dem Ausgangspunkt unserer Wanderung, von Regisseur Andreas Prochaska gedreht, Sam Riley, Tobias Moretti und Paula Beer spielen in den Hauptrollen. Reste des Kulissendorfes sind noch zu sehen. Der Bauernhof mit seinen verschiedenen Nebengebäuden, alle in Blockbauweise errichtet und mit Lärchenschindeln eingedeckt, wird bereits im 13. Jh. erwähnt, der auf Pfosten stehende Kornspeicher stammt aus dem 16. Jh. und steht unter Denkmalschutz. Am Marchegghof wird Urlaub auf dem Bauernhof angeboten. Info: www.marchegghof.com

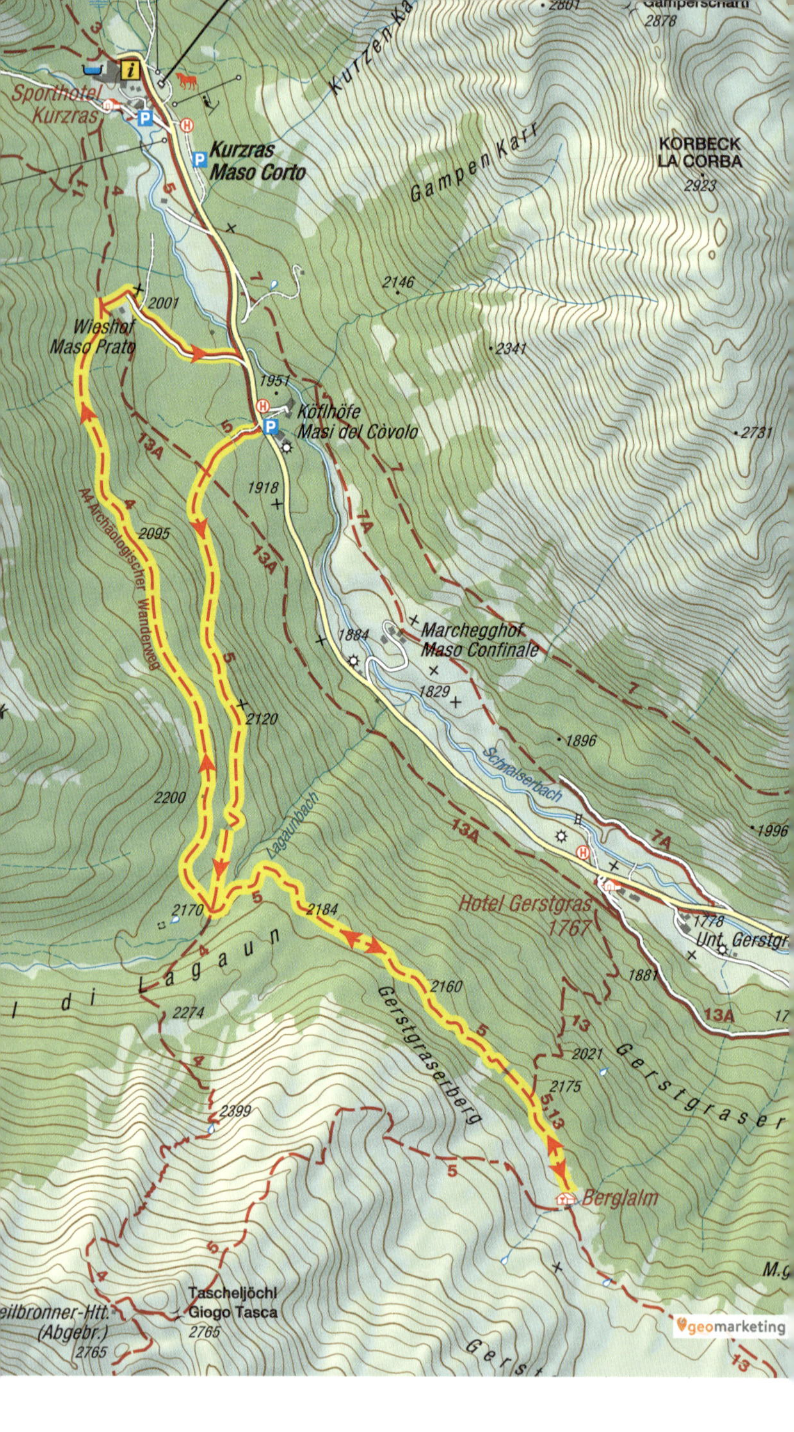
Sporthotel Kurzras
Kurzras Maso Corto
Gampen Karr
KORBECK LA CORBA
2923
2878
2146
2341
2001
Wieshof Maso Prato
1951
Köflhöfe Masi del Còvolo
1918
2731
2095
A4 Archäologischer Wanderweg
1884
Marchegghof Maso Confinale
1829
2120
1896
Schnalserbach
1996
2200
Lagaunbach
Hotel Gerstgras 1767
1778
Unt. Gerstgr.
2170
2184
1881
2160
2274
Gerstgraserberg
2021
2175
2399
Berglalm
Tascheljöchl Giogo Tasca
2765
(Abgebr.)
geomarketing

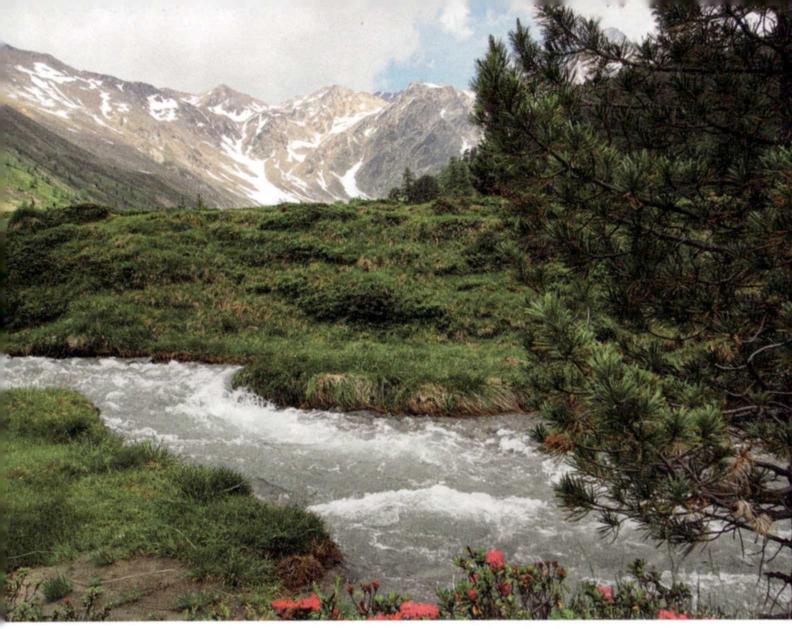

EINKEHRTIPPS

Berglalm: Vor wenigen Jahren umgebaut und erweitert, wegen der typischen Bauernküche bekannt. Kurzras, Schnals, Tel. 339 3816482, www.bergl-alm.com, von Mitte Mai bis Anf. Nov. und vom 26. Dez. bis Anf. Apr. ohne Ruhetag geöffnet.
Hotel Gerstgras: Restaurant mit gepflegter Küche, günstig 1 km vor dem Ausgangspunkt der Wanderung an der Straße gelegen. Kurzras 7, Schnals, Tel. 0473 662211, www.hotelgerstgras.com, Sommer und Winter geöffnet, kein Ruhetag.

INFOS IN KÜRZE

Alles, was zu einer Wanderung im Gebirge gehört: hohe Berge, Gletscherblick, Bauernhöfe, eine urige Almwirtschaft, Weiden, Bäche.
Köfelhöfe, Kurzras, 1.950 m
mittel
3 h 10 min
330 Hm
9,1 km
Klassische Sommerwanderung. Auch im Winter mit Schneeschuhen oder guten Bergschuhen mit Grödeln möglich.
Mit dem Auto ins Schnalstal bis 1 km vor der Talstation bei Kurzras zu den Köfelhöfen, hier wenige Parkplätze längs der Straße.
Lassen Sie das Auto in der Garage, direkt am Ausgangspunkt befindet sich eine Bedarfshaltestelle des Schnalstal-Busses. Fahrplan unter www.sii.bz.it

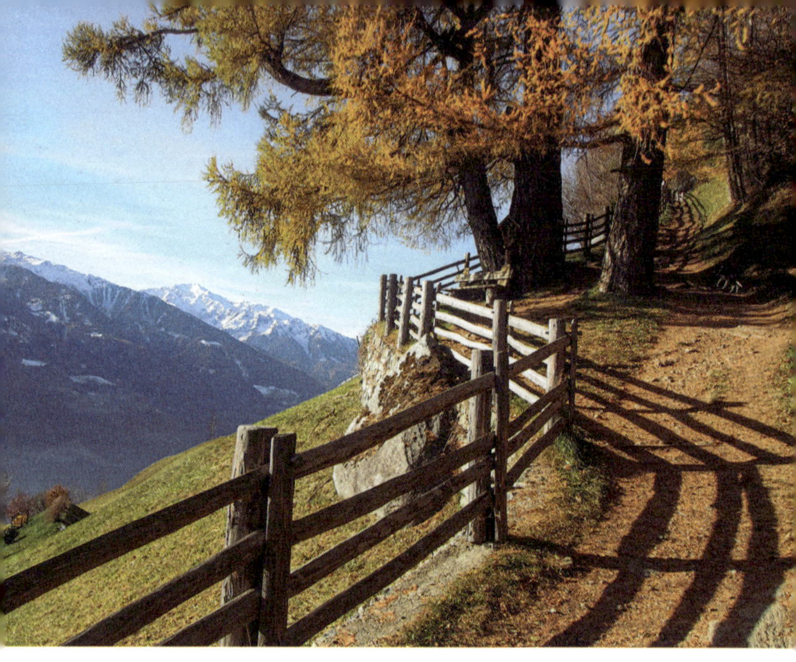

2 Von Unterstell nach Katharinaberg

Bei Naturns mündet das enge Schnalstal, von den Grenzbergen zu Österreich kommend, in den breiten und sonnigen Vinschgau. An der steilen Westflanke der Texelgruppe schlängelt sich der Meraner Höhenweg über den Vinschger Sonnenberg nach Katharinaberg und weiter ins Schnalstal. Auf einer Teilstrecke des Höhenweges wandern wir in dieses wild-romantische Tal hinein. Bald sind die mächtigen Gipfel der Ötztaler Alpen zu sehen, auf Hangterrassen liegen malerisch die Bergdörfchen Katharinaberg und Karthaus.

Wir fahren mit der modernen Seilbahn von Naturns nach Unterstell. An der Bergstation orientieren wir uns kurz an der Panoramatafel und an den Markierungsschildern. Wir steigen nun 185 Höhenmeter (Weg Nr. 10A) auf und kommen dabei am Patleidhof vorbei (Einkehr, 1.386 m), beim Gasthaus Linthof (1.464 m) ist der Höhenweg (Nr. 24) erreicht, wir sind jetzt auf der Trasse des Höhenweges mit der Markierung 24. Der Asphaltweg geht bald in einen schönen Steig über, der in beeindruckender Weise den felsdurchsetzten, mit Lärchen bewachsenen Hang quert. Tief unten liegt auf einer Geländenase Schloss Juval, die Sommerresidenz von Reinhold Messner, dahinter zeigen sich die Spitzen der Ortlergruppe, bald werden sie von den Schnalstaler Bergen verdeckt sein. Nach einer knappen Geh-

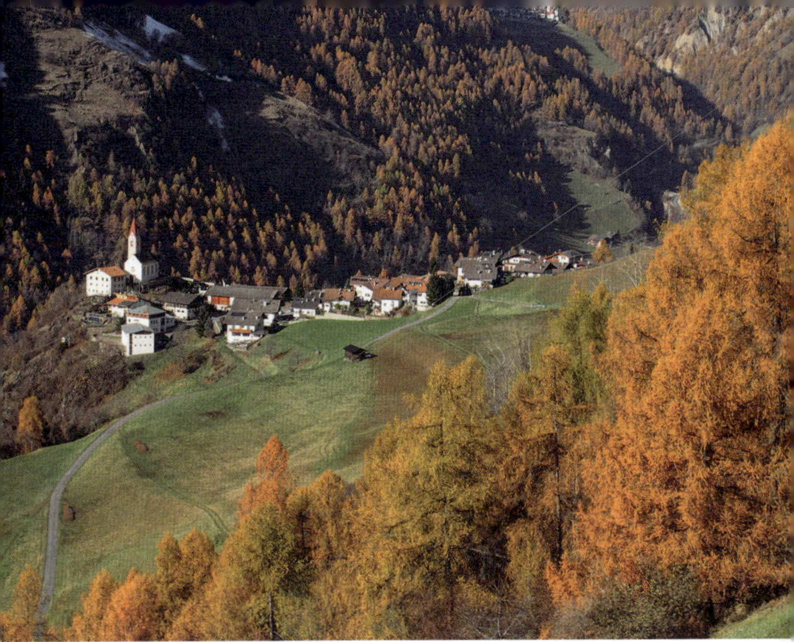

stunde ab dem Linthof erreichen wir den Waldhof (1.505 m), er ist einer von sieben Streuhöfen, die den Weiler Fuchsberg bilden. Beim Hofschank, einer der wenigen Einkehrmöglichkeiten auf diesem Abschnitt, steht eine kleine Franziskuskapelle mit hölzernem Turm, sie lädt zu besinnlicher Rast ein. Von tief unten grüßen die Kirche von Katharinaberg und die wenigen Häuser des Dörfchens herauf, etwas dahinter ist auch Karthaus zu erkennen. Nach der Querung eines Bachgrabens und einem Steilstück mit Treppen passieren wir den prächtig gelegenen Unterperflhof mit der kleinen, reich geschmückten Kapelle.
Mittlerweile sind wir gute zwei Stunden unterwegs, unter uns liegt Katharinaberg auf einem ins Tal hinausragenden Geländebalkon, zu dem wir auf Weg 10A nun absteigen. Für den Rückweg nehmen wir den Bus.

KATHARINABERG

Im Dörfchen Katharinaberg, auf dem steil abfallenden Felssporn, stand die Schnalsburg, die die Allerengelberger Mönche aus dem nahen Karthaus als Lehen vom Tiroler Landesfürsten Heinrich erhielten. An ihrer Stelle bauten sie die Kirche, die der hl. Katharina geweiht ist und um die sich wenige Häuser scharen, darunter der behäbige alte Obermairhof.

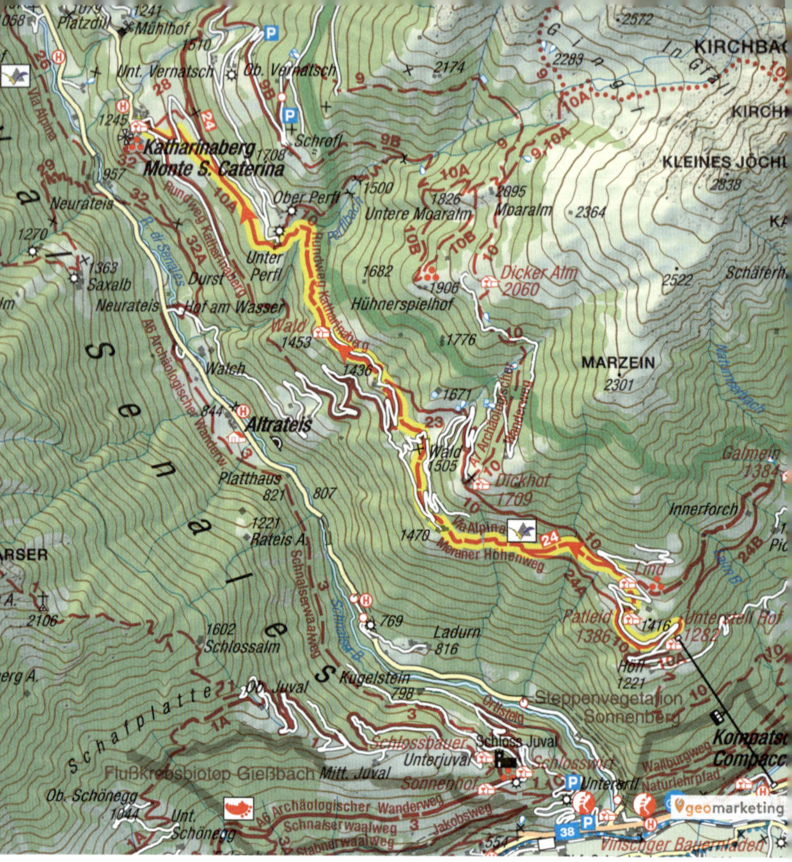

EINKEHRTIPPS

Linthof: Schöner Ausflugsgasthof auf einem Flachstück, Panoramaterrasse, Liegewiese, Kinderspielplatz, rustikale Gaststube, typische lokale Küche. Sonnenberg 48, Naturns, Tel. 349 3786678, www.linthof.com, von Mitte März bis Ende Nov. durchgehend geöffnet.

Gasthaus Unterstell: Direkt neben der Seilbahn, gute Hausmannskost und Mehlspeisen im Gastgarten oder auf der verglasten Panoramaterrasse. Sonnenberg 46, Naturns, Tel. 0473 667747, www.unterstellhof.com, ganzjährig geöffnet, Fr. Ruhetag.

Hofschank Wald: Bauernhof am steilen Wiesenhang, Jausen, kleine Gerichte wie Knödel, Salate, Suppen, Kuchen und Strudel. Sonnenberg 51, Naturns, Tel. 335 5228700, www.hofschank-wald.com, von Ende März bis Anf. Nov. geöffnet, Fr. Ruhetag.

Gasthof Schnalsburg: Nettes Dorfgasthaus und Café, hausgemachte Kuchen und Torten. Katharinaberg 49, Schnalstal, Tel. 0473 679145, www.schnalsburg.com, ganzjährig geöffnet.

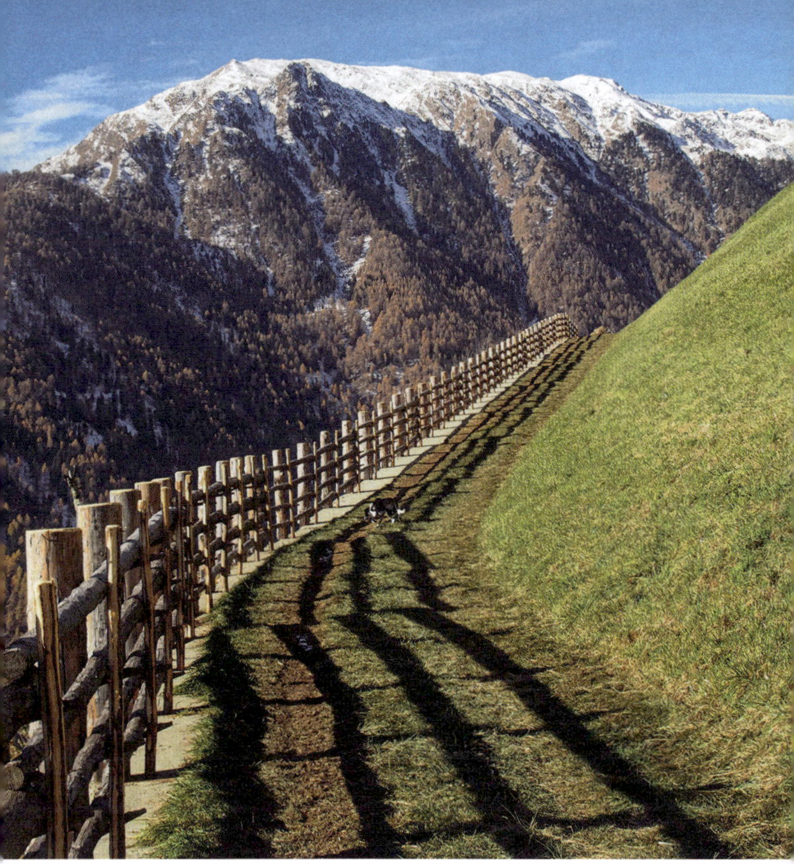

INFOS IN KÜRZE

Höhenwanderung um die 1.500 m Höhenmarke, problemlose Orientierung, Traumaussicht.

An der Bergstation der Seilbahn Unterstell, 1.234 m

mittel

2 h 40 min

400 Hm im Aufstieg, 450 im Abstieg

7 km

Sommer- und Herbstwanderung, bei Schnee dringend abzuraten.

Mit dem PKW zur Talstation der Unterstell-Bahn in Naturns-Kompatsch, kostenloser, unbewachter Parkplatz. Naturns an der Vinschgauer Staatsstraße ist mit Auto, Bus und Bahn erreichbar.

In Katharinaberg (Haltestelle „Schnals, Katharinaberg") geht der Bus zurück nach Naturns-Kompatsch; Seilbahn Unterstell: Tel. 0473 668418, www.unterstell.it. Mütze und Anorak nicht vergessen, bei Regen kann es in der Höhe kalt werden!

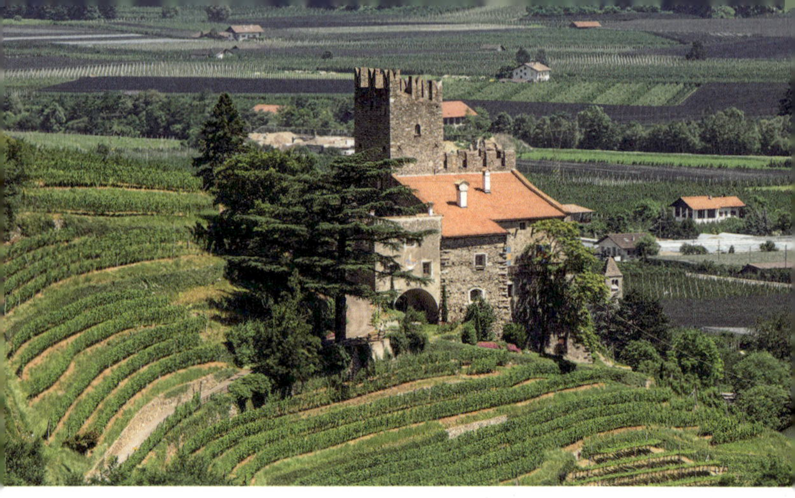

3 Über den Naturnser Waalweg zum Wallburgboden

Um die Wiesen und Obstanlagen bei Naturns zu bewässern, wurde das kostbare Nass aus dem Schnalser Bach abgeleitet und mit einem aufwändig in den felsigen Hang gebauten schmalen Kanal zu den Feldern geleitet. So wie bei vielen anderen Waalen fließt auch das Wasser des Naturnser Schnalswaals mittlerweile fast zur Gänze unterirdisch in Rohren. Die Trasse, die immer noch den Namen Naturnser Waalweg trägt, ist zu einem beliebten Wanderweg geworden. Sie durchzieht ein besonders schönes Stück Landschaft am Sonnenberg, führt gleichzeitig zu einem herrlichen Aussichtspunkt und lässt sich mit anderen Wegen und Steigen zu einem erlebnisreichen Rundweg kombinieren.

Wir gehen im Ortszentrum von Naturns los, durch die St.-Prokulus-Straße, am Kirchlein vorbei, folgen nun den Schildern „Runster Mühle" (Nr. 39) in östliche Richtung, am Rautnerhof vorbei, bis die Asphaltstraße in einen gekiesten Feldweg mündet, der uns zum Ausflugslokal Wiedenplatzerkeller bringt. Hinter dem Gasthaus geht der Weg durch Weinberge bergauf bis zum Waalweg. Im gemauerten Kanal fließt das Wasser gemächlich dahin, unser Weg geht jetzt eben gegen die Fließrichtung westwärts. Recht bald verschwindet das Wasser in unterirdischen Rohren, die zum Wanderweg umfunktionierte ehemalige Waaltrasse führt fast eben am steilen Hang des Sonnenberges entlang, durch Buschwald, überquert auf gut gesicherten Brücken und Stegen felsige Gräben und Flanken. Wir folgen den Hinweisschildern „Wallburgböden". Von den freien Stellen genie-

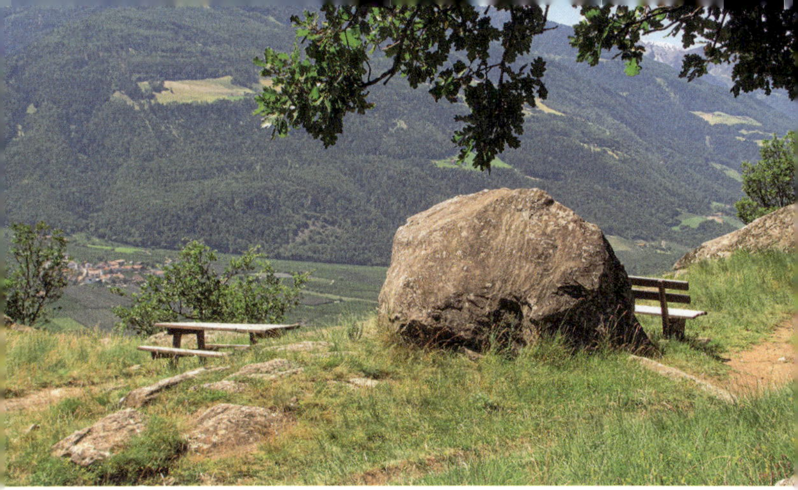

ßen wir den Blick über den Vinschgau, die Obstfelder im Tal und auf Naturns. Über Stufen überqueren wir eine mächtige Druckleitung, in den dicken Rohren fließt Wasser aus dem Vernagt-Stausee und treibt die Turbinen des E-Werks im Tal an. Die Waalerhütte am Weg ist längst verwaist, einst bot sie dem Kanalwächter Unterkunft und Schutz. Bald sind wir am Ende des Steigs, bei der Wiesenterrasse vom Wallburgboden, angelangt, die Felsen fallen steil zum Schnalstal und zum Vinschgau ab (bis hierher knappe zwei Stunden Gehzeit). Die Aussicht zum gegenüberliegenden Schloss Juval ist einmalig, tief unten zieht die regulierte Etsch einen silbernen Strich in den Talboden. Wir verweilen kurz an Tisch und Bank und packen eine Jause aus, bevor wir den Rückweg antreten. An einer Abzweigung nehmen wir den Steig rechts zur Jausenstation „Schwalbennest", dort beginnen die Rebanlagen. Beim schönen, leider dem Verfall preisgegebenen Maurbamerhof begutachten wir die große Torggl, eine alte Weinpresse, und anderes bäuerliches Gerät, es sind Reste einer Ausstellung. Wir wandern bergab, gehen bei einer Wegteilung links in die Vogeltennenpromenade und oberhalb des öffentlichen Schwimmbades wieder in den Aufstiegsweg und zum Parkplatz zurück.

DIE WALLBURGBÖDEN

Die Gegend um Naturns war nachweislich schon früh besiedelt, Feuersteinfunde unterhalb des Wallburgbodens bei Kompatsch stammen aus der Jungsteinzeit. Reste von nachgewiesenen Trockenmauern, die leider während des E-Werk-Baus zerstört wurden, lassen eine frühe Siedlungsnutzung der sich darüber befindenden, strategisch gut gelegenen natürlichen Terrassen, im Volksmund „Wallburg" genannt, vermuten.

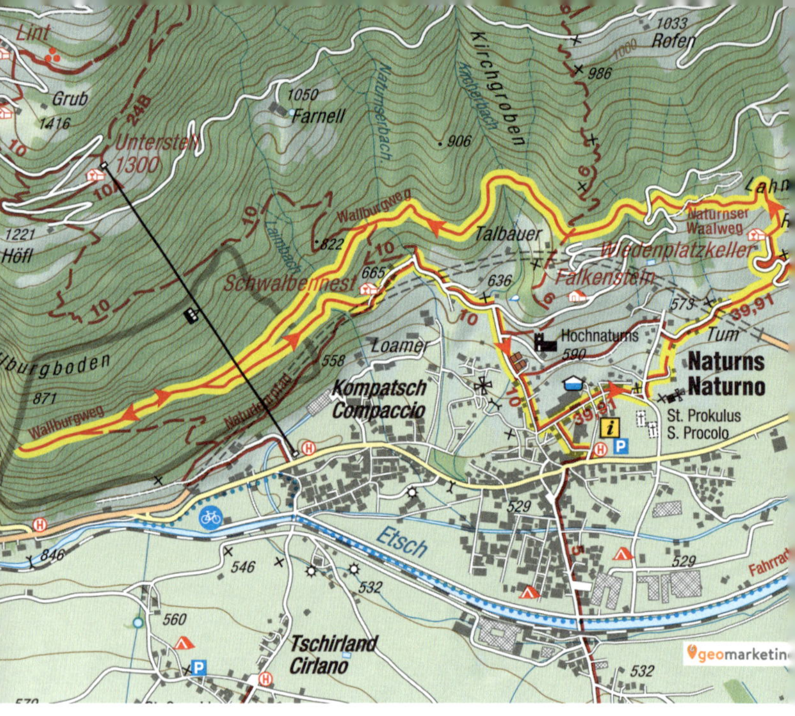

EINKEHRTIPPS

Jausenstation Schwalbennest: Kleines Holzhäuschen am Weg, winzige Stube und Tische im Freien, einfache Gerichte, tolle Aussicht. Pichlweg 5, Naturns, Tel. 388 4296512, von Ende März bis Mitte Nov. geöffnet.
Wiedenplatzerkeller: Bekanntes, gut besuchtes Ausflugslokal, auch mit PKW erreichbar, Gastgarten, Stuben, feine Südtiroler Küche. St.-Prokulus-Str. 59, Naturns, Tel. 0473 673280, www.restaurant-naturns.com, Di. Ruhetag.

INFOS IN KÜRZE

Landschaftlich und kulturhistorisch sehr attraktive Wanderung.
Naturns, 535 m
mittel
2 h 30 min
300 Hm im Aufstieg

8 km
Im Sommer wird es in den felsigen Bergflanken heiß, ideal im Frühling und Herbst oder bei Schneefreiheit auch im Winter.

Naturns liegt 14,5 km westlich von Meran an der Vinschgauer Staatsstraße. Parken beim Friedhof, Ecke Hauptstraße-St.-Prokulus-Straße. Haltestelle für Bus und Bahn.

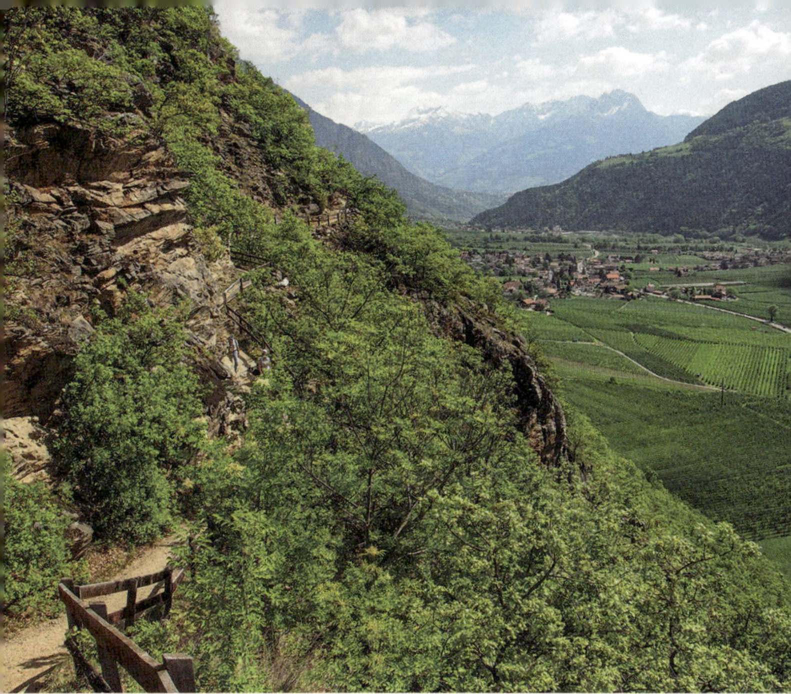

4 Am Sonnenberg von Naturns nach Rabland

Diese Wanderung führt uns durch ein besonders schönes Stück Landschaft am Untervinschgauer Sonnenberg. Leicht erhöht über dem Etschtal führt ein Weg, mal als Sträßchen, mal als schmaler Steig, entlang des Hanges von Naturns bis zu den Wiesen bei Partschins. Teile des Rundweges sind als Panoramaweg ausgeschildert, und dieser macht seinem Namen alle Ehre – immer wieder eröffnen sich tolle Ausblicke auf das Etschtal, zu den hohen Bergen auf der gegenüberliegenden Talseite, zuletzt erblicken wir hinter der Geländestufe der Töll das Meraner Becken mit Dorf Tirol und Schenna.

Während unserer Wanderung queren wir Obst- und Weingärten, submediterranen Buschwald mit der typischen Vegetation des Flaumeichengürtels, an steilen Hängen entdecken wir das Federgras. Auf den warmen Felsen am Wegrand sonnen sich Eidechsen, mit etwas Glück begegnen wir auch der auffälligen grün-türkisen Smaragdeidechse. Steile Wegstücke wurden mit Stufen entschärft, Geländer sichern abschüssige Stellen, hölzerne Brücken überqueren kleine

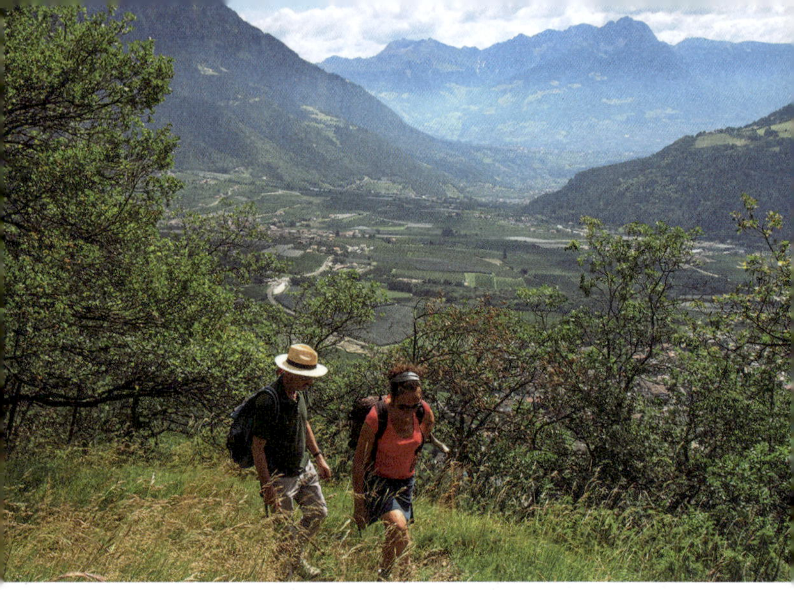

Bäche. Es gibt mehrere Einkehrmöglichkeiten, wo wir Hunger und Durst stillen können. Den Rückweg nach Naturns legen wir mit dem Bus zurück.

Wir gehen im Ortszentrum von Naturns los, durch die Prokulus-Straße, am Kirchlein vorbei, folgen nun den Schildern „Partschins, Runster-Mühle, Panoramaweg, Waalrunde" (Nr. 91) in östliche Richtung, am Restaurant-Café Weinberghof vorbei und kommen nach der instand gesetzten Runster-Mühle zum Hof Weitgrub. Am Sonnenberg zeigen sich in der Höhe schon die drei Gebäude vom Unterrainhof, dort hinauf müssen wir. Wir verlassen nach Weitgrub den Panoramaweg, jetzt geht es bergauf, der Steig 39A schlängelt sich abwechslungsreich in vielen Kehren durch Flaumeichenwald bis zur Asphaltstraße beim Unterrainhof, es gilt, 360 Höhenmeter zu überwinden. Das Panorama hier oben ist traumhaft! Nach einem kurzen Asphaltstück beginnt beim Unterwandhof – nomen est omen, das Haus am Rand steiler Wiesen duckt sich an die Felswände – das aufregendste und interessanteste Wegstück. Es geht durch felsiges Gelände bis auf 1.050 m, über Treppen und kleine Brücken, an einem Wasserfall vorbei bis zu einem Wegkreuz, wo wir den Aufstiegsweg von Partschins zur Bergstation der Texelbahn kreuzen. Keine Angst, wer einigermaßen gut zu Fuß ist, für den ist der Weg (Nr. 26) kein Problem! Jetzt geht es zügig, zum Teil über Stufen, bergab in Richtung Partschins und dann auf Weg Nr. 2 zum Winklerhof (680 m, Einkehrmöglichkeit). Kurz vor dem Winklerhof stoßen wir wieder auf die Trasse des Panoramaweges (Nr. 91), sie bringt uns in größtenteils ebener Hangquerung, von kurzen Steigungen und Abstiegen

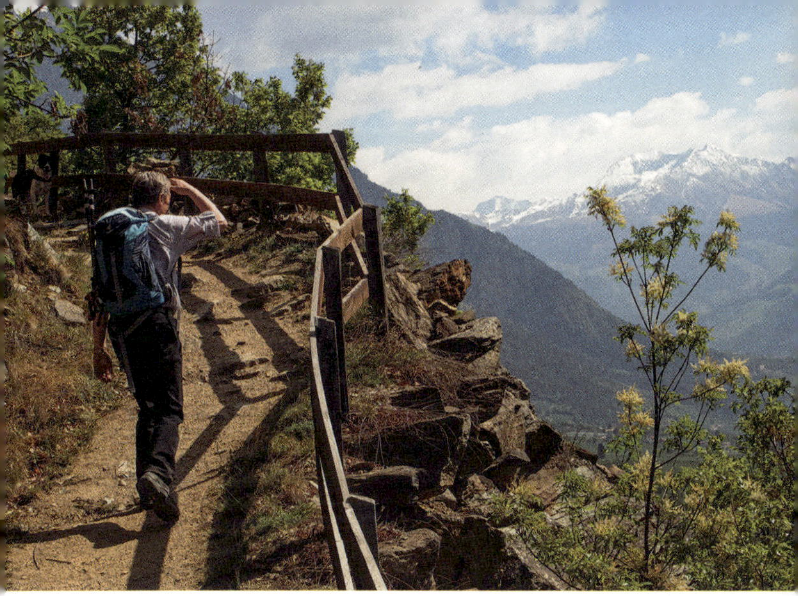

abgesehen, wieder zum Weitgruberhof. Wir sind jetzt auf der Strecke des Hinweges unterwegs, Naturns, der Ausgangspunkt, ist nicht mehr weit.

EINKEHRTIPPS

Winklerhof: Hofschank inmitten von Obstwiesen, Sonnenterrasse, uriges Stübchen, Kinderspielplatz, Hausmannskost, Kuchen. Sonnenbergweg 56, Partschins, Tel. 379 1909703 oder 347 1132279, www.winklerhof.bz.it, Mi. Ruhetag, im Winter geschlossen.

DAS FEDERGRAS AM SONNENBERG

Der Vinschgauer Sonnenberg ist ein besonderes Stück Landschaft. Die steilen, nach Süden ausgerichteten Hänge sind starker Sonneneinstrahlung und extremen Temperaturschwankungen ausgesetzt, es gibt wenig Niederschlag. Das hat eine steppenartige Vegetation hervorgebracht, bei Botanikern als „Sonnenbergvegetation" bekannt, typisch sind das Federgras *(Stipa pennata agg.)* und das Pfriemengras *(Stipa capillata)*. Die Spelzen (Blütenblätter) des Federgrases bilden eine weißfedrige, bis zu 20 cm lange Granne, daher der Name. Die Früchte des Federgrases werden über die Grannen durch den Wind ausgebreitet, sie sind Bohrfrüchte, bei Feuchtigkeit bzw. Trockenheit drehen sie sich und die Spitze bohrt sich so allmählich in den Boden.

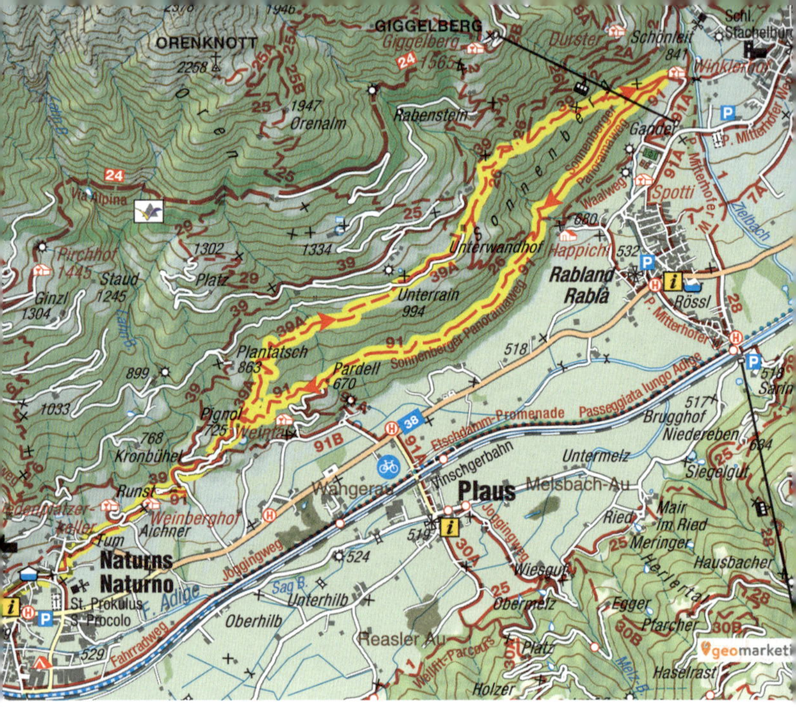

Gasthaus Weinberghof: Am Beginn unserer Wanderung, inmitten von Obstwiesen, Terrasse, Südtiroler Küche. Runstgasse, 6, Naturns, Tel. 0473 667815, www.weinberghof-naturns.it, geöffnet von Ostern bis Nov., Mo. Ruhetag.

Wiedenplatzerkeller: Bekanntes, gut besuchtes Ausflugslokal, Gastgarten, Stuben, feine Südtiroler Küche. Eichgasse 15, Naturns, Tel. 0473 673280, www.restaurant-naturns.com, Di. Ruhetag.

INFOS IN KÜRZE

Landschaftlich sehr attraktive Wanderung.

Naturns, 535 m

schwer

5 h 10 min

640 Höhenmeter

14,4 km

Auch wenn die Steigung im Buschwald verläuft, wird es im Sommer in den felsigen Bergflanken heiß. Ideal im Frühling und Herbst oder bei Schneefreiheit auch im Winter.

Naturns liegt 14,5 km westlich von Meran an der Vinschgauer Staatsstraße. Parken beim Friedhof, Ecke Hauptstraße-St.-Prokulus-Straße. Haltestelle für Bus und Bahn.

Länge der Wanderung und Steigung nicht unterschätzen, Trinkvorrat mitnehmen, die Einkehrmöglichkeiten befinden sich in den Niederungen.

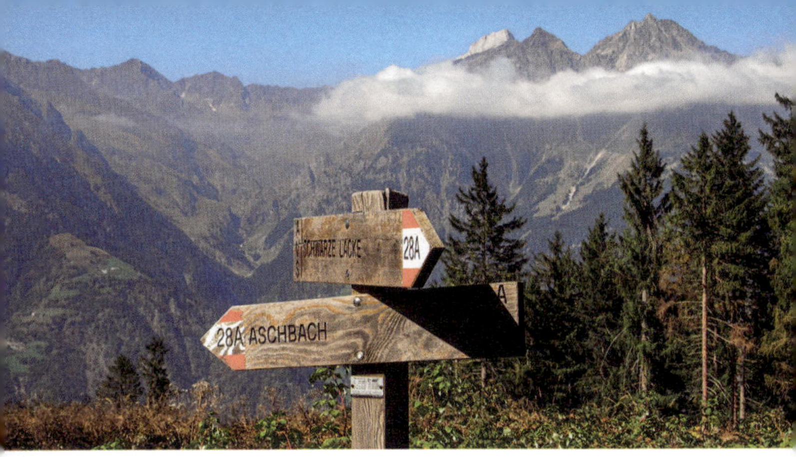

5 Von Aschbach zum Vigiljoch und der Naturnser Alm

Auf der Nordseite des Vigiljocher Bergs liegt das kleine verträumte Dörfchen Aschbach auf einer Geländeterrasse und schaut zur gegenüberliegenden Texelgruppe und in den Vinschgau hinein. Lassen Sie das Auto im Tal, oder noch besser, reisen Sie mit der Vinschger Bahn an, eine moderne Seilbahn verbindet Rabland (525 m) in wenigen Minuten mit Aschbach (1.342 m) und überwindet dabei beachtliche 817 m Höhenunterschied. Von der Bergstation der Seilbahn sind es keine fünf Gehminuten zum netten Gasthaus Aschbacherhof, wo unser Rundweg zum Vigiljoch und der bewirtschafteten Naturnser Alm beginnt.

Am neuen Kirchlein vorbei geht es bergauf, nach 10 Minuten Gehzeit kommen wir an eine Weggabelung, hier halten wir uns links und biegen Richtung Osten auf den Weg Nr. 28A ab. Der Waldweg mit schönen Ausblicken auf den Vinschgauer Sonnenberg steigt zügig bergan, nach 45 Minuten wird der Weg flacher und kurz darauf ist der Aufstieg geschafft. Am Rand von Wald und Almwiesen liegen der kleine dunkle See „Schwarze Lacke" und daneben das Gasthaus Seespitz. Während der Hochsaison im Sommer ist an den vielen Tischen vor dem Haus einiges los. Nach der Einkehr wandern wir in südwestlicher Richtung auf einem breiten Feldweg (Weg Nr. 9) zum St.-Vigilius-Kirchlein (1.793 m), immer über Wiesen, vorbei an Ferienhäuschen und dem einstigen Hotel Seehof. Vom Kirchhügel bietet sich ein großartiges Panorama auf die Texelgruppe im Norden, den Laugen und den Gantkofel im Süden sowie Latemar und Peitlerkofel, die zu den Dolomiten gehören. Wir steigen zum eigentlichen Vigiljoch (1.743 m) ab, es markiert den Übergang vom Vinschgau ins vordere

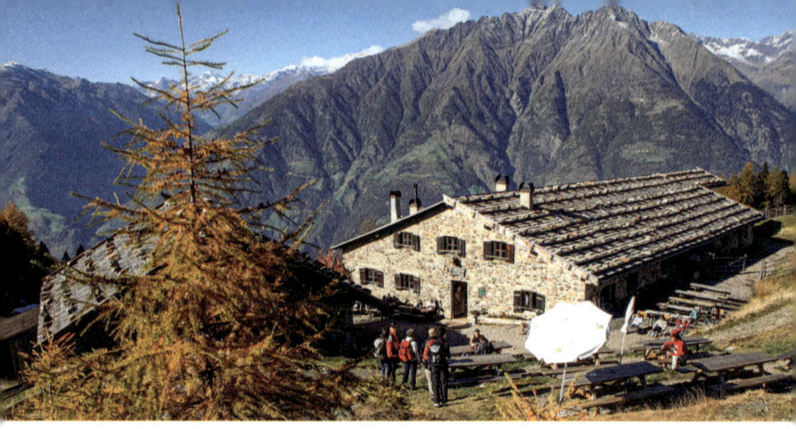

Ultental. Funde von Steinwerkzeugen belegen, dass der Jochweg bereits vor fast 8.000 Jahren begangen wurde. Vom Joch steigt der breite, in südwestliche Richtung führende Weg (Nr. 9), der sich später zu einem herrlichen Waldsteig verengt (Nr. 30), fast unmerklich bis auf 1.950 m und bringt uns schließlich zur Naturnser Alm auf 1.922 m (1 h 40 min Gehzeit ab Seespitz). Von der Alm geht der Weg Nr. 27 durch den „Siebenbrunner Wald" – benannt nach den sieben Quellen, die hier entspringen – mal als Forststraße, dann wieder als Steig gleichmäßig absteigend in einer guten Stunde nach Aschbach zurück.

EINKEHRTIPPS

Aschbacherhof: Das Dorfgasthaus ist für die einheimische Küche und die rekordverdächtigen Riesenportionen bekannt, herrliche Torten und Kuchen. Aschbach, Algund, Tel. 0473 967419 oder 338 4740728, www.aschbacherhof.it, geöffnet von Ostern bis Anf. Nov., Mo. Ruhetag.

DIE KIRCHEN VON ASCHBACH

In Aschbach gibt es zwei Kirchen. Die kleine, an exponierter Stelle stehende Kirche Maria Schnee aus dem Jahr 1695 wurde über drei Jahrhunderte lang von der Dorfbevölkerung genutzt. Da sie im Laufe der Zeit für die vielen Aschbacher zu klein geworden war, entschloss man sich vor etwa 100 Jahren zu einem Neubau nahe der Häuser. Die neugotische Kirche wurde dem hl. Herzen Jesu geweiht, das Innere vom Münchner Maler Theodor Spöttl, der zeitweise in Meran lebte, vollständig im Nazarener-Stil, in den bereits Jugendstilelemente einfließen, ausgemalt. Bis vor nicht allzu langer Zeit wurde diese Kunstrichtung gering geschätzt, mittlerweile hat sie ihren Stellenwert gefunden und ist in der relativen Bergeinsamkeit von Aschbach ein interessantes Stück Kunstgeschichte.

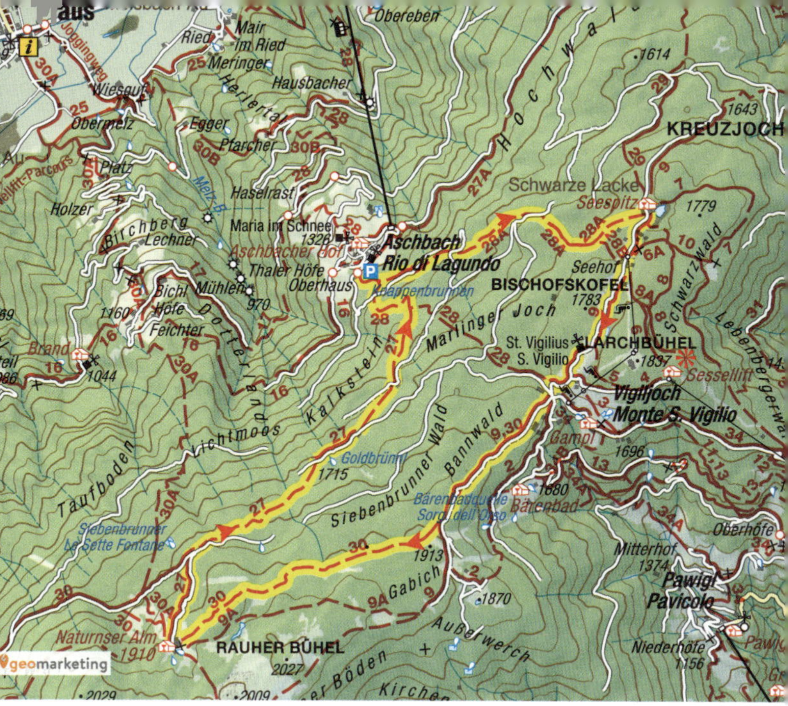

Naturnser Alm: Stattliche, urige Almwirtschaft mit großer Sonnenterrasse, typische Almkost. Aschbach, Algund, Tel. 348 6434690, www.vigiljoch.com, von Mai bis Anf. Nov. ohne Ruhetag geöffnet.
Gasthaus Seespitz: Rustikaler Holzbau am idyllischen kleinen Bergsee, große Terrasse, gemütliche Stube. Vigiljoch 13, Marling, Tel. 0473 562955, geöffnet von Ostern bis Anf. Nov. und Weihnachten bis Anf. März, Mo. Ruhetag.

INFOS IN KÜRZE

Lange Wanderung von der Berg- in die Almregion, dazu gibt es zwei interessante Höhenkirchen, tolle Aussicht und gute Wirtshäuser.

An der Bergstation der Seilbahn, 1.342 m

mittel, beachtlicher Anstieg

4 h 10 min

620 Hm im Aufstieg

11,8 km

Wegen der Höhenlage ideale Sommer- und Herbstwanderung.

Mit dem PKW zur Talstation der Seilbahn Aschbach in Rabland, Ortsteil Saring, am Etschufer, dort Parkplätze. Rabland an der Vinschgauer Staatsstraße ist mit Auto, Bus und Bahn erreichbar. Letzte Talfahrt nicht versäumen! Info: www.aschbach.it

Im Herbst besonders stimmungsvoll, wenn die Wege einsamer sind und die Lärchen gelb leuchten.

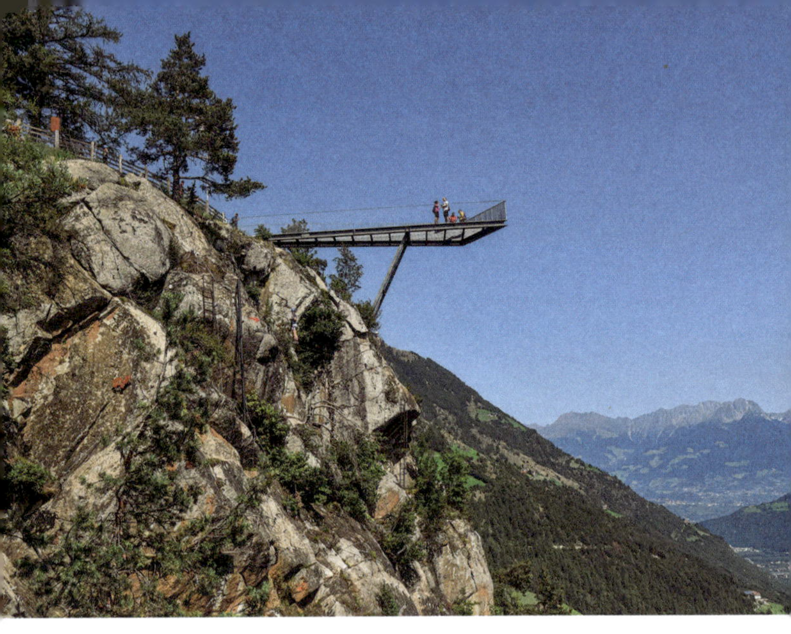

6 Von Giggelberg nach Unterstell

Der Meraner Höhenweg ist der bekannteste und meistbegangene Höhenweg in Südtirol und sicher einer der schönsten Rundwanderwege im Alpenraum. 92 km lang, durchgängig mit der Nr. 24 markiert, umrundet er in mehreren Tagesetappen den Naturpark Texelgruppe. Ein unschätzbarer Vorzug des Meraner Höhenwegs ist, dass er an mehreren Stellen begonnen und damit natürlich auch unterbrochen werden kann. Wir begehen bei unserem heutigen Tagesausflug die beliebteste Etappe bei Meran. Der teilweise ausgesetzte Weg bietet prächtige Ausblicke, führt durch die beeindruckende 1.000-Stufen-Schlucht, geht vorbei an Bergbauernhöfen auf abschüssigen Wiesen, an kargen Weiden und kleinen Waldstücken. Etliche Einkehrmöglichkeiten sorgen für zünftige Verpflegung.

Die Texelbahn bringt uns in wenigen Minuten vom Tal auf über 1.500 m, direkt oberhalb der Bergstation liegt das Gasthaus Giggelberg (1.565 m). Jetzt geht es los, wir fädeln den Weg Nr. 24 in westlicher Richtung ein. Nach einer knappen Gehstunde passieren wir den Bauernhof Hochforch (1.555 m), kurz danach beginnt die Schlucht der 1.000 Stufen, es ist eines der interessantesten Teilstücke des Meraner Höhenweges. Durch den Bau der neuen, 55 Meter langen Hängebrücke über den Lahnbachgraben sind es nun wesentlich weniger Stufen, die es zu überwinden gilt. Auf Teilabschnitten

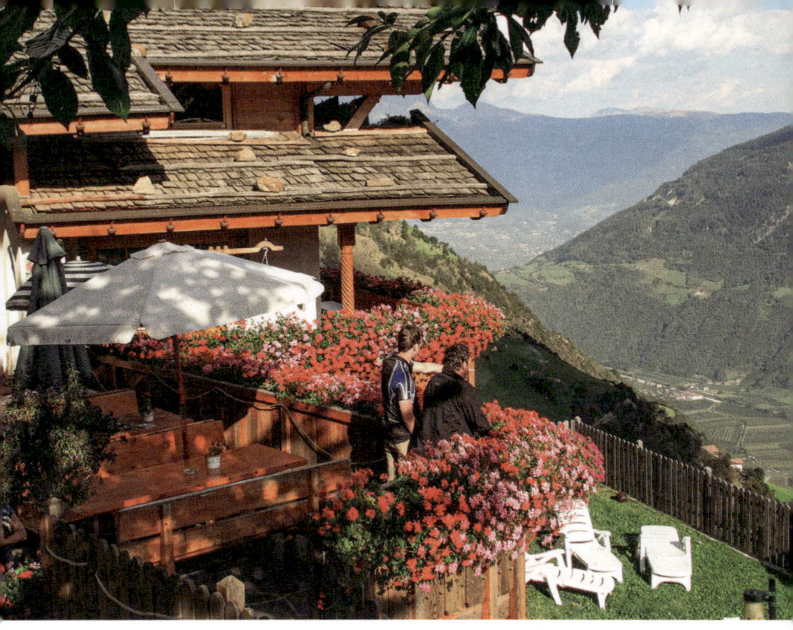

sind Stein- und Metallstufen errichtet, Seile, Geländer und Halteketten geben Sicherheit. Nach der 1.000-Stufen-Schlucht erwartet uns der Hofschank Pirch (1.445 m). Weiter geht es über Grub, dann auf einer kühnen Hängebrücke über den Kirchbach nach Galmein (1.384 m). Nach diesem Hof gabelt sich der Weg: Wir halten uns links, verlassen den Höhenweg und folgen der Markierung Nr. 24B. Unterwegs queren wir die mächtige Röhre einer Hochdruckleitung, die Wasser vom Schnalser Stausee auf die Turbinen eines E-Werks in Naturns leitet. Wenige Gehminuten später biegen wir kurz links zur neuen Aussichtsplattform ab, einer Stahlkonstruktion, die 50 Meter über dem Abgrund erbaut wurde und eine atemberaubende Fernsicht über das Tal ermöglicht, sie ist Teil eines Klettersteigs. Nach zehn Minuten Fußmarsch sind die Bergstation der Seilbahn und der Gasthof Unterstell erreicht.

EINKEHRTIPPS

Berggasthof Giggelberg: Neu erbautes Berggasthaus, Sonnenterrasse, wenige Minuten von der Bergstation der Texelbahn entfernt. Sonnenberg 61, Partschins, Tel. 0473 967566 oder 338 5998953, www.giggelberg.com, von März–Nov. geöffnet.
Pirchhof: Hofschank mit Traumaussicht und hausgemachten Produkten, Spezialitäten sind Ziegen-, Kitz- und Bockbraten, Hauswürste und natürlich Knödel und Nocken. Sonnenberg 77a, Naturns, Tel. 0473 667812 oder 348 8501414, www.pirchhof.it, von März–Mitte Nov. geöffnet.

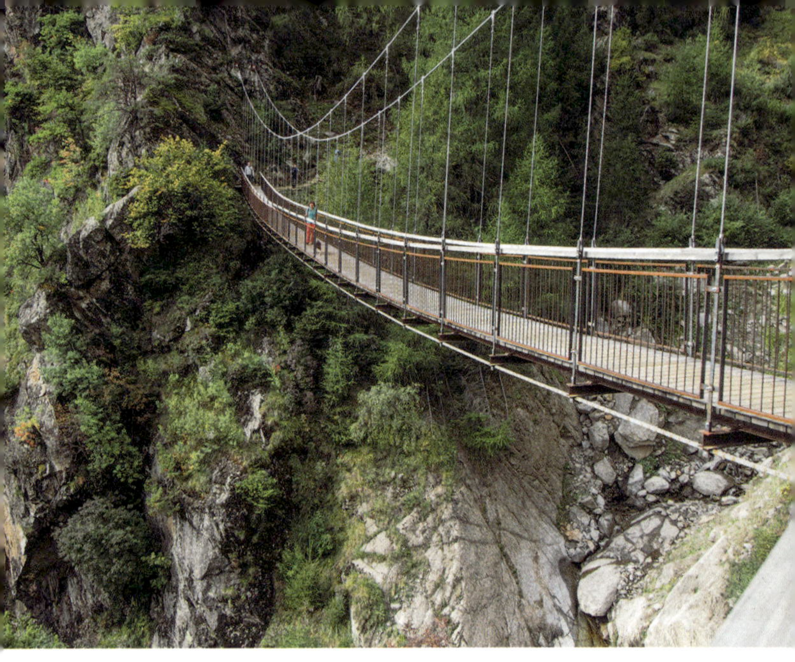

Galmeinhof: Einfaches Berggasthaus, großer Sonnenbalkon, bäuerliche Gerichte, viel Hausgemachtes. Sonnenberg 41, Naturns, Tel. 0473 668117 oder 349 7205566, von Ostern–Nov. geöffnet, im Winter nur an Wochenenden und Feiertagen.
Gasthaus Unterstell: Direkt neben der Seilbahn, Gastgarten und verglaste Panoramaterrasse, gute Hausmannskost und Mehlspeisen. Sonnenberg 46, Naturns, Tel. 0473 667747, www.unterstellhof.com, ganzjährig geöffnet, Fr. Ruhetag.

DAS PANORAMA VON GIGGELBERG

Welch ein Logenplatz! Tief unten liegt Meran, umrahmt von Dörfern, eingebettet in Wein- und Obstgärten. Nordöstlich der Stadt erkennen wir die Hausberge Ifinger und Hirzer. Nach Süden hin erstreckt sich das breite Etschtal, links flankiert vom Höhenrücken des Tschöggelbergs. Dahinter sind die Zacken der fernen Dolomiten zu erkennen. Im Westen Merans trägt das 3.256 m hohe Hasenöhrl auch im Sommer noch eine kleine Eis- und Schneekappe, weiter rechts lugt die 3.305 m hohe Laaser Orgelspitze hervor. Gegenüber erhebt sich die Kuppe des Vigiljochs. Dort beginnt der dunkle, bewaldete Nörderberg, der den Vinschgau schattenseitig fast 50 km talaufwärts begleitet, während hinter uns die steilen Flanken der Texelgruppe bis auf über 3.000 m aufsteigen.

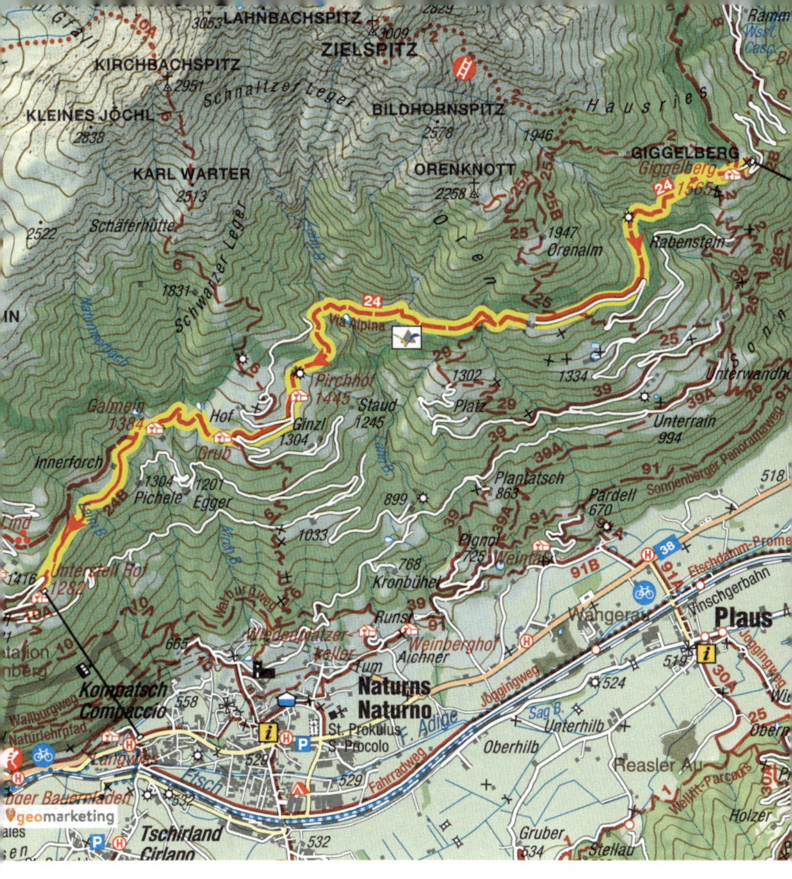

INFOS IN KÜRZE

Höhenwanderung um die 1.500 m Höhenmarke, problemlose Orientierung, Traumaussicht.

An der Bergstation der Seilbahn, 1.535 m

mittel

3 h 15 min

367 Hm im Aufstieg, 620 Hm im Abstieg

8,3 km

Sommer- und Herbstwanderung, bei Schnee dringend abzuraten.

Mit dem PKW zur Talstation der Texelbahn in Rabland, kostenloser, unbewachter Parkplatz. Rabland an der Vinschgauer Staatsstraße ist mit Auto, Bus und Bahn erreichbar.

Texelbahn in Rabland: Tel. 0473 968295, www.texelbahn.com. Seilbahn Unterstell in Naturns: Tel. 0473 668418, www.unterstell.it. Letzte Talfahrt nicht versäumen! An der Talstation Bushaltestelle „Naturns Kompatsch"; der Bahnhof der Vinschger Bahn ist rund 20 Gehminuten entfernt. In der Sommerhochsaison verkehrt ein Shuttlebus von Bahn zu Bahn: Naturns-Unterstell nach Rabland-Texelbahn. Mütze und Anorak nicht vergessen, bei Regen kann es in der Höhe kalt werden.

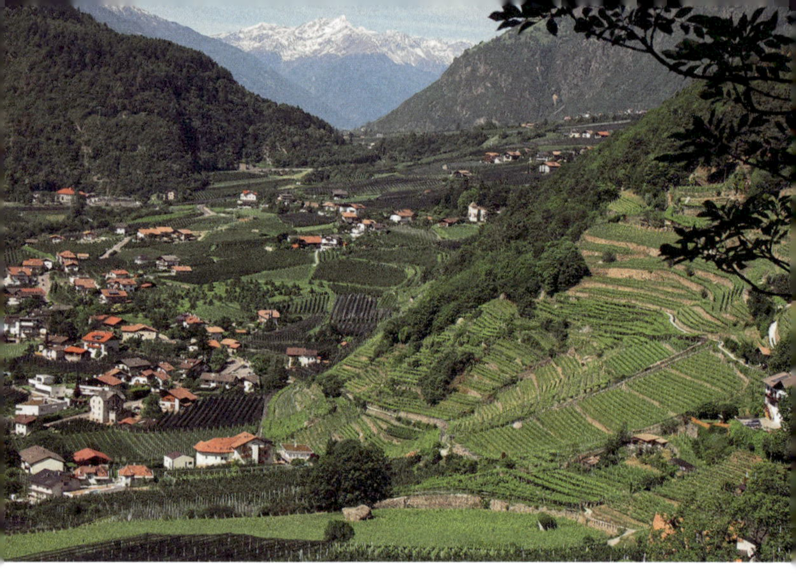

7 Der Algunder Waalweg

Im Nordwesten Merans, bei der Talverengung und dem Gefälle der Töll, wird Etschwasser in einen Waal abgeleitet, der gegen Osten fließt und die Weingärten und Obstwiesen um Algund bewässert. Er verläuft durch schönste Kulturlandschaft bis vor die Tore Merans und bietet dabei laufend tolle Ausblicke auf den fruchtbaren Talkessel der Stadt mit den umliegenden Dörfern, das breit nach Süden geöffnete Etschtal und den Kranz der schützenden Berge. Der Algunder Waalweg ist einer der beliebtesten und meist begangenen Wanderwege im Meraner Raum.

Der Algunder Waalweg beginnt am Parkplatz vor der Töllgrabenbrücke, an der alten Vinschgauer Straße, der Zufahrtsstraße nach Algund und Oberplars. Hier finden wir bereits eine Orientierungstafel und die Wegweiser. Zunächst führt der Weg neben der Straße am Waldrand entlang und verläuft ein kurzes Stück durch Kastanienwald. Bald überqueren wir die Straße nach Vellau und kommen zu den weitläufigen Apfelanlagen oberhalb von Plars. Nach etwa 20 Minuten erreichen wir das Gasthaus Leiter am Waal, die erste Einkehrmöglichkeit. Immer am plätschernden Bächlein entlang geht es nun durch Weinberge und bald darauf durch einen lauschigen Laubwald mit knorrigen Kastanienbäumen und verschiedenen bizarren Felsformationen, wir kommen zum Café Konrad in Oberplars, einer weiteren Einkehrmöglichkeit am Weg. Nach einer kleinen Umleitung folgen wir wieder dem nun teilweise kanalisierten Verlauf mit herrlichem Tiefblick auf den Weiler Mühlbach. Zuletzt geht es kurz über eine neue Hängebrücke zum Ende des Waalweges, wir erreichen die wenig befahrene Straße, die von Gratsch zum Schloss Thurnstein und nach St. Peter hinaufführt. Je nach Wanderlust steigen wir auf der Straße in wenigen Minuten zum gut sichtbaren Kirchlein St. Magdalena und dem ehemaligen Gasthaus Kircher nach Gratsch ab (Bushaltestelle für die Rückfahrt nach Töll) oder folgen dem Tappeinerweg in Richtung Meraner Stadtzentrum. Oder aber wir gehen am Waalweg wieder zum Ausgangspunkt an der Töll zurück.

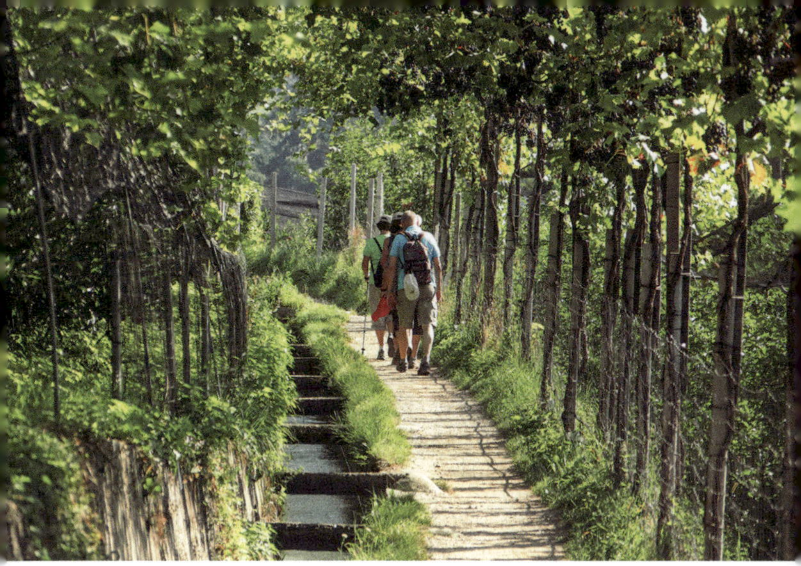

DER LEITER AM WAAL

Der Algunder Waal wird bereits 1333 erwähnt, in den Urkunden ist von einem Ausbau des Wasserkanals die Rede. Der Waal selbst ist noch älter. Die Bauleitung wurde dem „Leiter am Waal" übertragen, der die Arbeiten und die Nutzung der Wasserrechte überwachte und in einem kleinen Gebäude am Waal – dem heutigen Wirtshaus – wohnte. Nach mehrmaligem Besitzerwechsel und verschiedenen Ausbauten kam der Leiter am Waal vor wenigen Jahren in den Besitz der Familie Bauer, die ihn seither mit Erfolg und großem Zuspruch der Gäste als Restaurant führt.

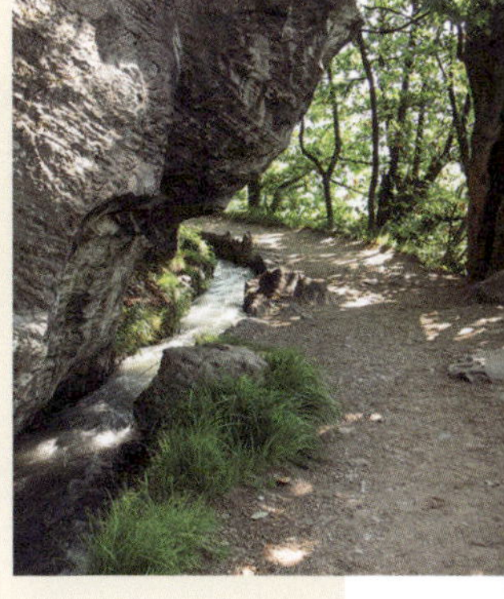

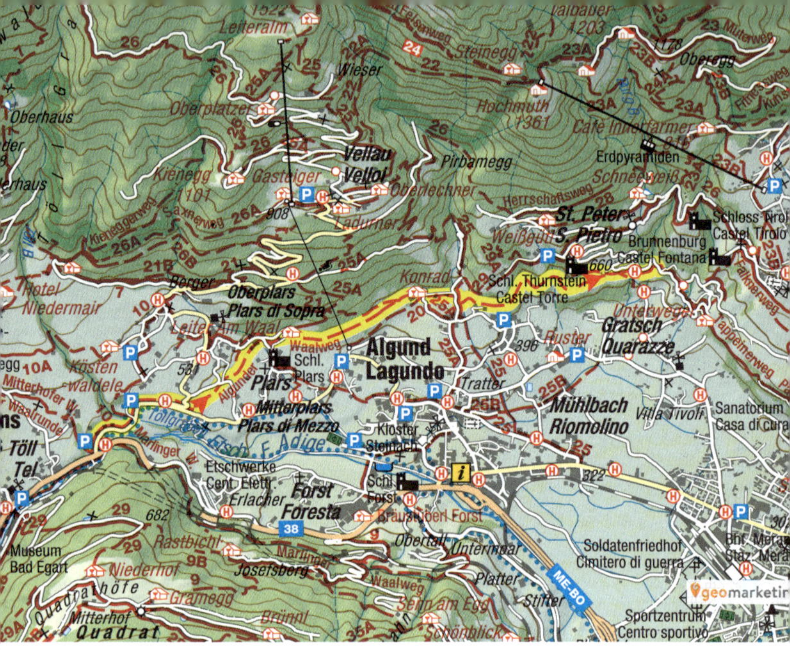

EINKEHRTIPPS

Leiter am Waal: Familienbetrieb mit guter, verfeinerter Tiroler Küche, gemütliche Stübchen oder Tische im Freien unter Pergola. Mitterplars 26, Algund, Tel. 0473 448716 oder 377 3038969, www.leiteramwaal.com, Winterruhe bis Apr., Di. Ruhetag.
Café Konrad: Von üppiger mediterraner Vegetation umgeben, Terrasse, Imbisse, Kaffee und Kuchen. Vellau 1, Tel. 0473 448646, Sa. und So. Ruhetage.

INFOS IN KÜRZE

Landschaftlich sehr lohnende Wanderung, auch für Kinder unterhaltsam.
Parkplatz an der Töll, 511 m
leicht
1 h 20 min
keine nennenswerten Anstiege
5,1 km

Das ganze Jahr über möglich.
Von der Staatsstraße bei Töll nach Algund abbiegen, Parkplatz und Bushaltestelle. Für die Rückfahrt: Vom ehemaligen Gasthof Kircher mit dem Bus der Linie 236 bis zur alten Landstraße in Algund, hier bei Haltestelle Krankenhaus umsteigen auf die Linie 213 nach Partschins-Töll.
In der Hochsaison ist es ratsam, früh am Vormittag oder am späten Nachmittag unterwegs zu sein, da ist es auf dem herrlichen Weg fast schon einsam.

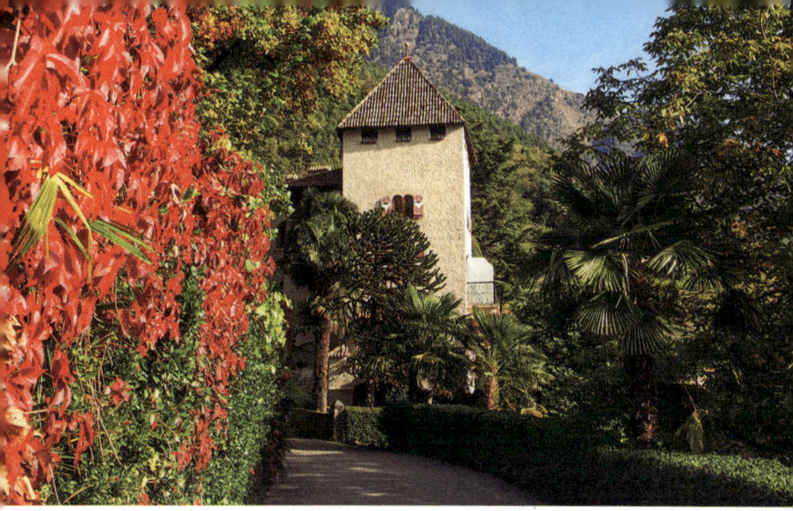

8 Zum Schlundenstein oberhalb von Algund

Im Rücken von Algund türmen sich die Berge zur Mutspitze und dem Fast-Dreitausender Tschigot (2.998 m) auf. An der Bergflanke, unterhalb des Dörfchens Vellau, befindet sich die Geländeverflachung von Ebeneich – es ist eine der schönsten Aussichtslogen im Burggrafenamt. Der Blick von dort oben über das Meraner Becken, das Etschtal und hin zu den fernen Bergen verschlägt einem fast den Atem! Auf dem abwechlungsreichen Weg von Algund dorthin kommen wir auch am Schlundenstein vorbei.

Startpunkt dieser einfachen Rundwanderung ist im Dorfzentrum von Algund, genauer gesagt am Gebäudekomplex der Gemeinde. Auf der alten Landstraße gehen wir Richtung Töll, bei der Algunder

DER SCHLUNDENSTEIN

Der Vellauer Wald ist mit riesigen Gesteinstrümmern durchsetzt, Überreste eines postglazialen Felssturzes. Es finden sich Schalensteine, von den Gletschern abgeschliffene Felsplatten, Reste von bronze- und eisenzeitlichen Wallburgen und in Felsen gemeißelte Symbole. Eine auffällige Gesteinsformation, ein baumhoher Felsklotz, liegt direkt an unserem Weg. Wegen der Schlünde an seiner Südseite wird er „Schlundenstein" genannt, nicht nur Kinder kraxeln gerne auf ihm herum.

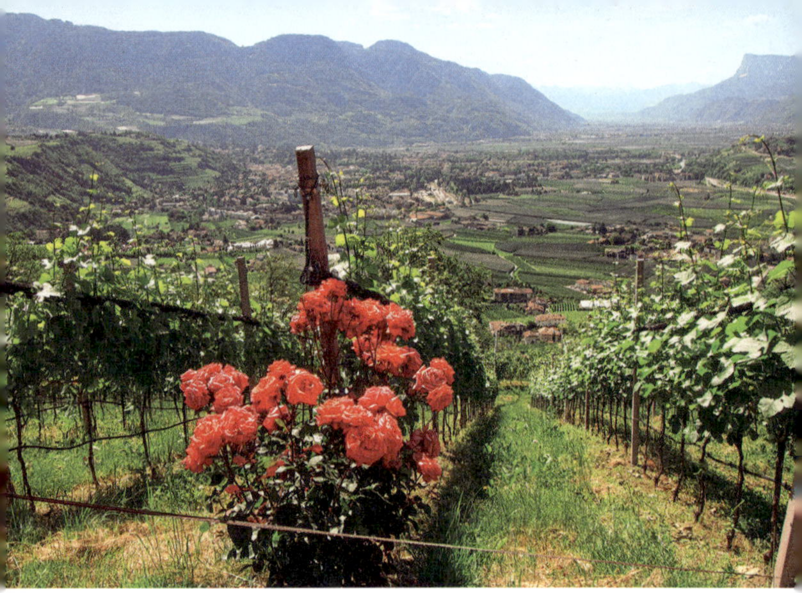

Sennereigenossenschaft beginnt der Wanderweg Nr. 7 (Hinweisschilder „Plars, Hochganghaus, Waalweg"). Der alte Bergweg führt an der Sennerei und am Obstmagazin, an Weinbergen, Obstanlagen, Wohn- und Bauernhäusern, Hotels und Ferienpensionen vorbei, überquert dabei die Autostraße und Hofzufahrten. Am Algunder Waalweg angelangt nehmen wir den Feldweg (immer Nr. 7), der im spitzen Winkel abzweigt, durch Weinberge verläuft und nun als holpriger, teilweise recht steiler Steig durch Buschwald bergauf geht und dabei die Trasse des Sesselliftes nach Vellau quert. Bei einer gewaltigen Felsformation, dem Schlundenstein, nehmen wir an einer Wegteilung die Markierung Nr. 25A, die uns bis zu einer Haarnadelkurve der Vellauer Straße führt. Hier finden wir die Wegweiser nach Ebeneich, ein ebene, kaum befahrene Asphaltstraße bringt uns hin. Vom ehemaligen Gasthaus geht der alte Vellauer Kirchweg in den Grabbach und von dort nach Algund (Markierung Nr. 25, Nr. 29 und Nr. 25A) zurück, das immer im Blick liegt, dabei queren wir wieder den Waalweg.

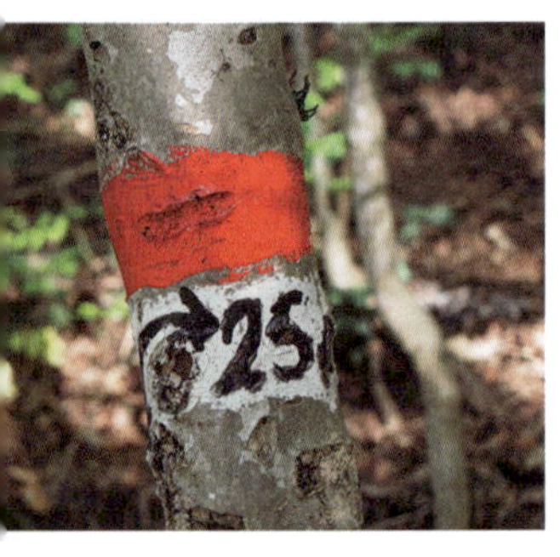

EINKEHRTIPP

Konditorei Steinach: Nicht an der Route, sondern im Dorfzentrum, Steinachstr. 35, Algund, Tel. 0473 44703, https://cafe-konditorei-steinach.business.site/ ganzjährig geöffnet, Mi. Ruhetag.

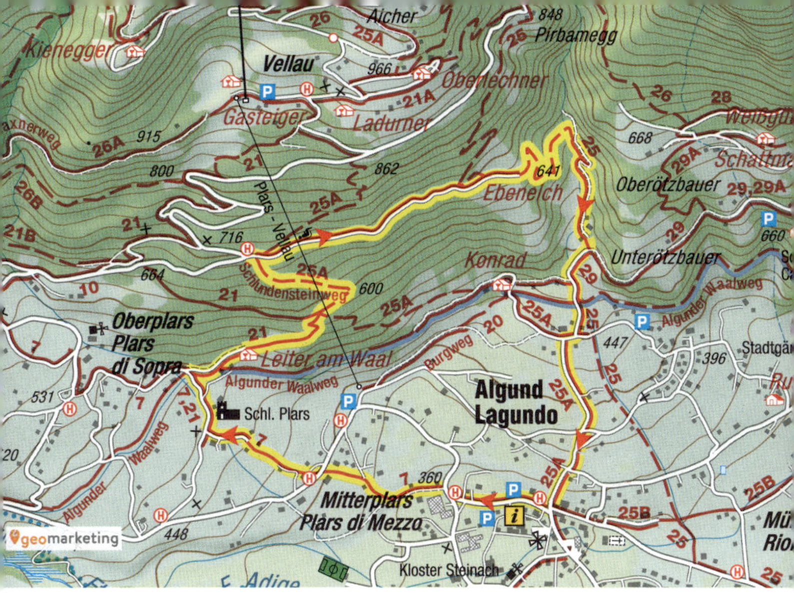

DIE MENHIRE VON ALGUND

Nicht nur der Schlundenstein, auch andere geheimnisvolle Kultsteine wurden in Algund gefunden: Es sind vier Menhire, Steinsäulen aus weißem Laaser Marmor, die aus der Zeit des Ötzi stammen und über deren Bedeutung noch gerätselt wird. Die Originale dieser Statuenmenhire sind in zwei Museen ausgestellt, vor dem Algunder Tourismusbüro stehen Nachbildungen, die Hinkelsteine an der Schnellstraßeneinfahrt beziehen sich auf den Algunder Menhirfund.

INFOS IN KÜRZE

Abwechslungsreicher Rundweg durch den Algunder Ortsteil Plars, auf alten Steigen durch Obst- und Weingärten und Laubwald.

Algund, bei der Gemeinde im Ortszentrum, 355 m

mittel

2 h 10 min

363 Hm

5,7 km

Das ganze Jahr möglich, der Aufstieg ab Oberplars geht durch schattigen Laubwald, im Sommer die Mittagszeit meiden.

In Algund Ortszentrum, gebührenpflichtige Parkplätze bei der Gemeinde.

Wir queren bei dieser Wanderung den Algunder Waalweg, an dem weitere zwei Einkehrmöglichkeiten liegen, die mit einem Abstecher von wenigen Gehminuten zu erreichen sind: beim Aufstieg ist es der Leiter am Waal (Tel. 0473 448716), beim Abstieg das Café Konrad (Tel. 0473 448646) (siehe Kap. 7)

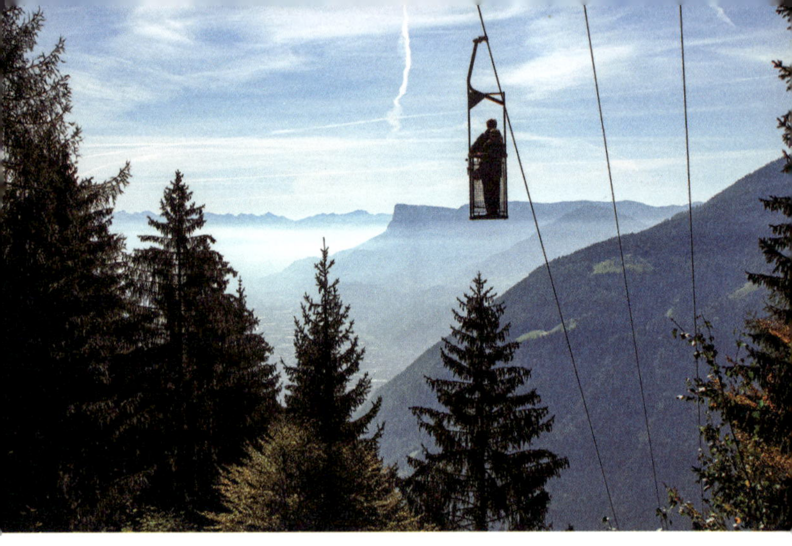

9 Von Vellau zu den Muthöfen

Wir unternehmen eine Rundwanderung hoch über Meran, am Steilhang unter der Mutspitze, dem südlichen Vorposten der Texelgruppe. Dabei schaffen wir den Aufstieg mühelos mit zwei Bergbahnen, die uns auf 1.485 m bringen. Die Herausforderung und der Nervenkitzel auf dieser Wanderung sind weder steile Anstiege noch mühevolle Passagen, sondern das ausgesetzte Gelände. Wir queren abschüssige Felswände, da braucht es einen festen Schritt und Schwindelfreiheit, Halteseile geben uns an den kniffeligen Stellen Sicherheit. Lassen Sie sich aber nicht abschrecken, der Weg ist nicht gefährlich, er fordert nur Aufmerksamkeit.

Wir schaukeln gemütlich mit dem Sessellift von Algund nach Vellau, dort steigen wir auf den altmodischen Korblift um, der uns in die Nähe der Leiteralm bringt, die wir in zehn Gehminuten erreichen (1.522 m). Hier wollen die vielen Tagesgäste die fantastische Aussicht, die gute Küche der Alm und das Bergerlebnis genießen, über 1.000 m tiefer liegt uns Meran zu Füßen, dahinter das breite Etschtal. Wir schreiten durch das hölzerne Tor hinter dem Gasthaus, ein beliebtes Fotomotiv, und sind auf dem berühmten Meraner Höhenweg, der mit der Nr. 24 markiert die Texelgruppe umrundet. Nach einem kurzen Abstieg geht es dann fast eben über den Hans-Frieden-Weg, einem Teilabschnitt des Höhenweges, der teilweise in den Felsenhang gehauen wurde, auf die Muthöfe zu. Der Weg ist ausgesetzt, aber gut trassiert. Bei den Muthöfen buhlen drei Gasthäuser um die Gunst der Wanderer, vom ersten, dem Gasthaus

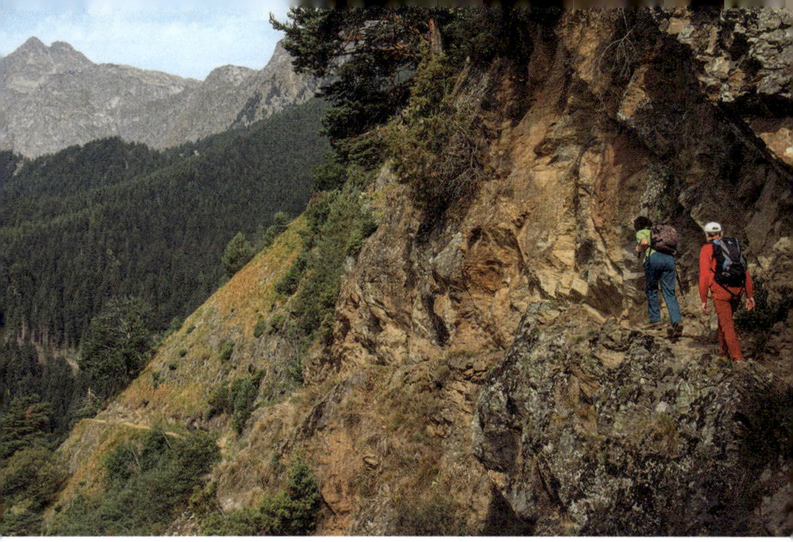

Steinegg, geht es in wenigen Minuten bergab zur Bergstation der Seilbahn mit den beiden nächsten Einkehrmöglichkeiten. Hier beginnt der Rückweg nach Vellau. Dieser Abschnitt hat es in sich, er quert einen abschüssigen und felsigen Hang und heißt deshalb auch „Vellauer Felsenweg“. Nach der Hangquerung geht es durch Wald und zuletzt über Wiesen bergab ins kleine Dörfchen Vellau. Beim weitum bekannten Restaurant Oberlechner stoßen wir auf die Autostraße, die uns zum Sessellift mit dem Gasthaus Gasteiger zurückbringt.

EINKEHRTIPPS

Leiteralm: Rustikales Berggasthaus am Meraner Höhenweg mit großer Terrasse. Vellau, Algund, Tel. 338 3172484, www.leiteralm.com, Anf. Apr.–Anf. Nov., kein Ruhetag.

DER HANS-FRIEDEN-WEG

Beim Gasthaus Steinegg ist an einem Felsen eine Marmortafel angebracht, sie erinnert an Hans Frieden. Er wurde am 24. Jänner 1875 in Nixdorf, dem heutigen Mikulášovice, in Tschechien geboren, übersiedelte als Jugendlicher nach Meran und war ein begeisterter Förderer der Bergsportvereine. Frieden finanzierte den Bau eines Steiges, der vom Gasthaus Steinegg bis zur Leiteralm führte. Dieser wurde später verbreitert und entschärft und 1969 feierlich eingeweiht. Der 2,5 km lange Weg wird gern als „Promenade auf 1.500 m“ bezeichnet. Es ist sicher die spektakulärste Passage des Meraner Höhenweges.

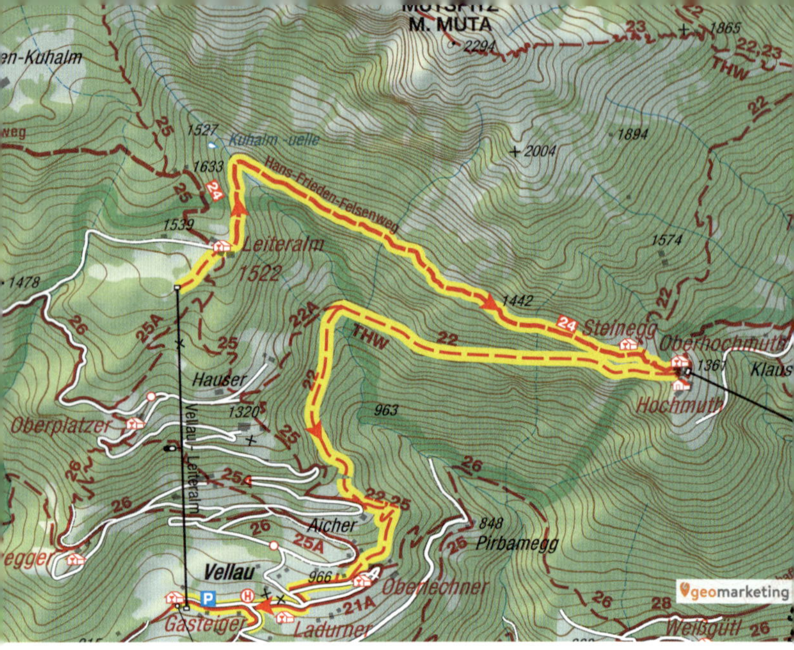

Oberhochmuthof: Berggasthof auf 1.380 m Höhe, an der Bergstation der Seilbahn, einheimische Küche, Produkte vom eigenen Bauernhof. Muthöfeweg 9, Dorf Tirol, Tel. 334 3595431, www.oberhochmuthof.it, ganzjährig geöffnet, kein Ruhetag.
Gasthof Oberlechner: Beliebtes und der bekannt guten Küche wegen viel besuchtes Ausfluggasthaus. Vellau 7, Algund, Tel. 0473 448350, www.gasthofoberlechner.com, geöffnet von Apr.–Dez., Mi Ruhetag.

INFOS IN KÜRZE

Höhenweg durch teilweise felsiges Gelände
Vellau bei Algund, an der Bergstation des Korbliftes
schwer, weil stellenweise ausgesetzt
2 h 20 min
52 Hm Aufstieg, 625 Hm Abstieg
6 km
Wegen der Höhenlage ideale Sommer- und Herbstwanderung.

In Algund, durch den Ortskern, den Schildern „Sessellift Vellau" folgen. Parkplatz an der Talstation, Huebenweg 11. Infos zu Aufstiegsanlagen, Fahrplänen und Öffnungszeiten: Sessellift und Korblift Algund–Vellau: Tel. 0473 448532, www.gasteiger.it Seilbahn Hochmuth: Tel. 0473 923480 oder 339 1388780, www.seilbahn-hochmuth.it

Bei Regen, Schnee und Eis ist der Weg unbedingt zu vermeiden. Die Tour ist auch in umgekehrter Reihenfolge, mit Auffahrt von Dorf Tirol aus, machbar. Vellau ist mit PKW und öffentlichem Bus ab Algund erreichbar.

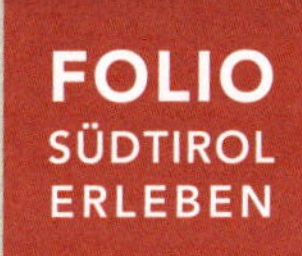

Mit Folio Südtirols schönste Seiten erleben!

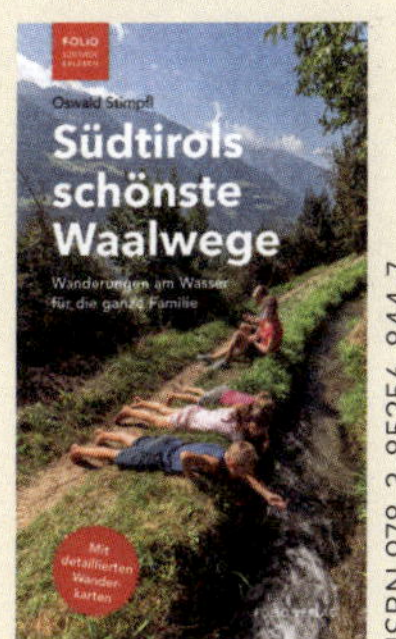

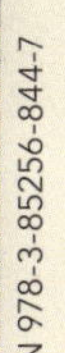

ISBN 978-3-85256-844-7

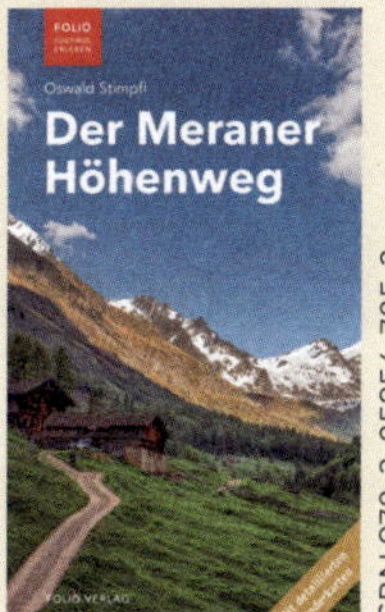

ISBN 978-3-85256-785-3

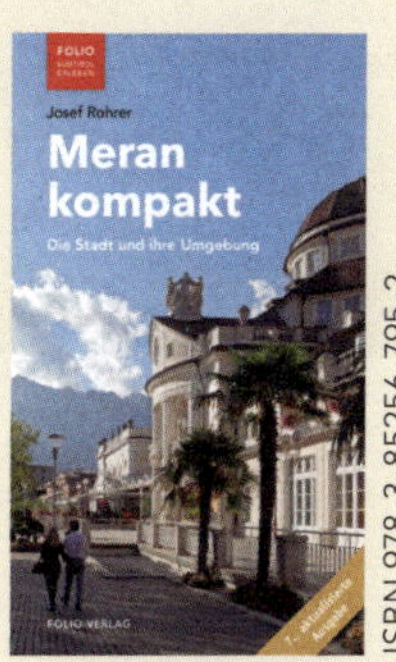

ISBN 978-3-85256-795-2

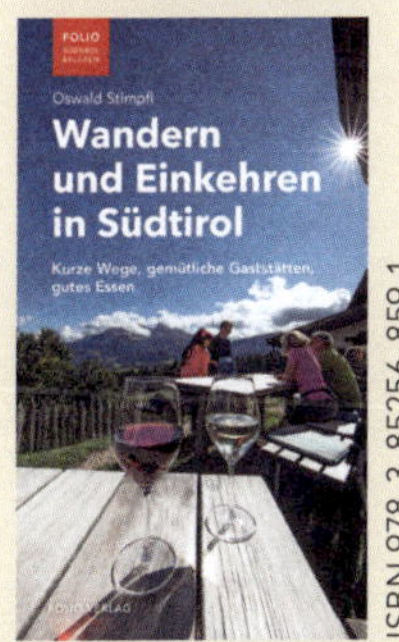

ISBN 978-3-85256-859-1

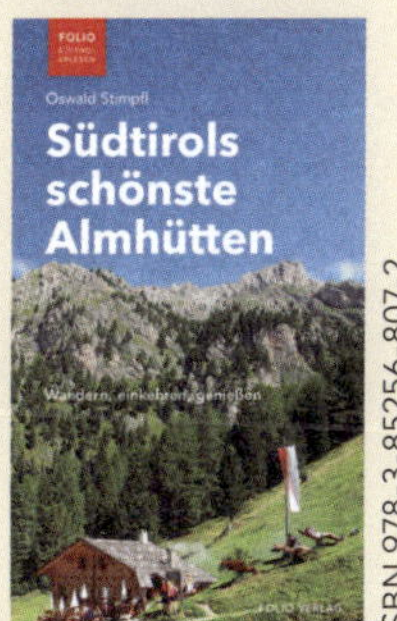

ISBN 978-3-85256-807-2

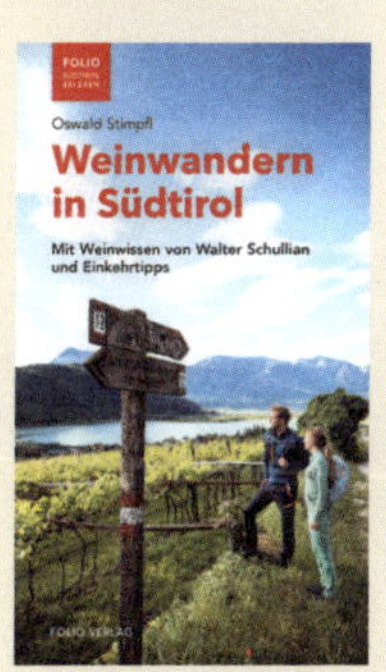

ISBN 978-3-85256-845-4

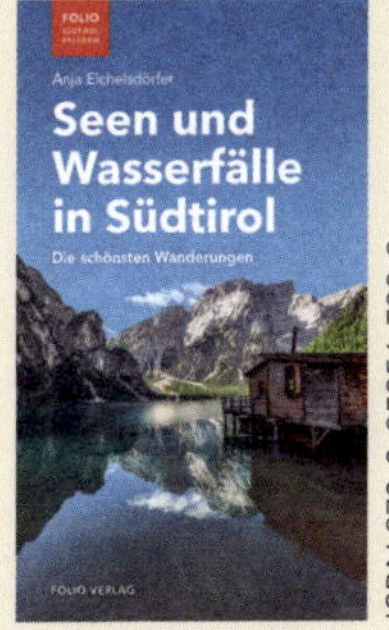

ISBN 978-3-85256-783-9

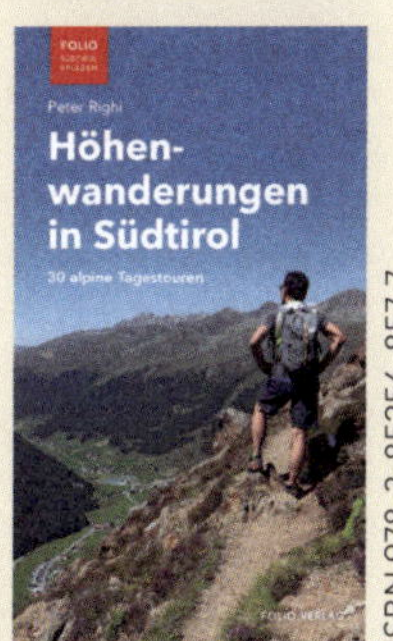

ISBN 978-3-85256-857-7

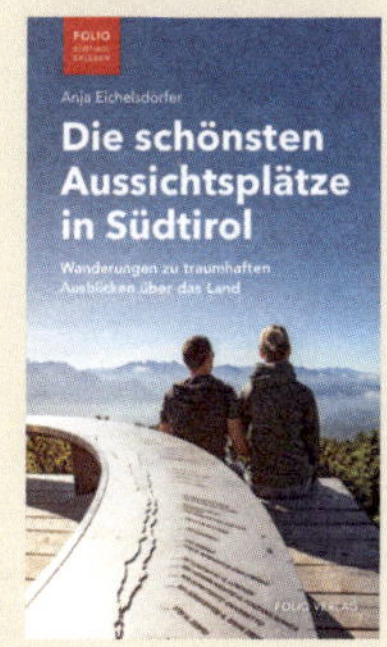

ISBN 978-3-85256-858-4

www.folioverlag.com

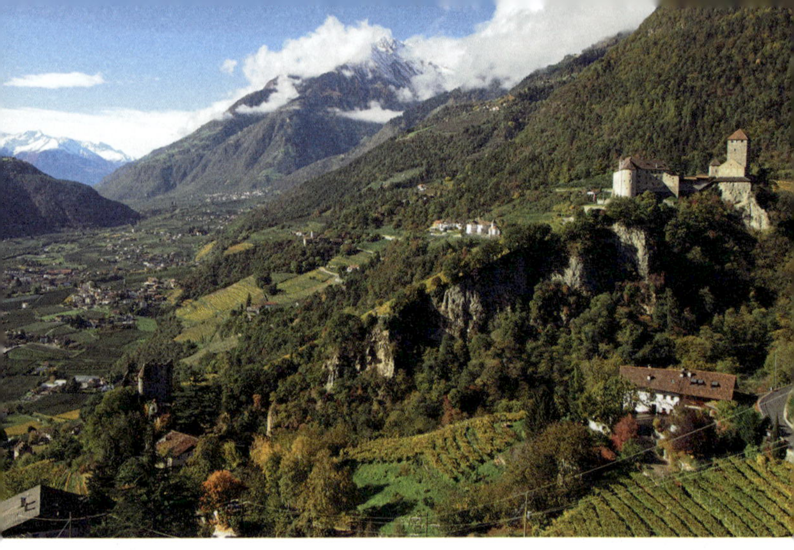

10 Der Apfelweg, ein Rundweg in Dorf Tirol

Dieser Themenweg im Zeichen des Apfels verläuft auf Spazier- und Promenadenwegen, die durch und um Dorf Tirol herum führen, großteils durch Obstanlagen. Dabei spielt das Dorf, ein bei Feriengästen sehr beliebtes Urlaubsziel, alle seine Trümpfe aus: die herrliche Aussicht über das Etschtal und das Meraner Becken, die sonnige Lage, die gepflegten Unterkünfte und die vielen Einkehrmöglichkeiten. Der Weg ist mit dem Apfelsymbol gekennzeichnet, mehrere Hinweistafeln beantworten Fragen zum Thema Apfel.

Unser Startpunkt ist im Dorfzentrum, beim Parkplatz am Tourismusbüro. Wir überqueren die Hauptstraße, gehen durch das schmiedeeiserne Tor zur Falknerpromenade und folgen nun immer den Schildern „Apfelweg“. An der Kreuzung der Promenade mit der Schlossstraße gehen wir über Treppen und einen schmalen Fußweg an Wohnhäusern, Hotels und Pensionen vorbei bergauf in Richtung Talstation der Seilbahn Hochmuth. Die Aussicht ist prächtig: Zur Linken dominieren die Brunnenburg und Schloss Tirol, im Tal liegt Meran. Wir biegen in die Haslachstraße, überqueren bei einem Wegkreuz, dem „Pamer Kreuz“, die Landesstraße und gehen nun eben in Richtung Küglerhof. Am Weg liegt eine kleine Wassermühle, ein Waal liefert das Wasser für den Antrieb einer Turbine. Nach dem modernen Hotel Küglerhof queren wir eine Wiese, gehen an mächtigen Kastanienbäumen entlang kurz bergauf und biegen dann rechts in den uralten, steingepflasterten Weg ein. Er führt bergab zum Schloss Auer, das am Rand des Tiroler Hochplateaus zum Eingang des Passeiertals und nach Schenna schaut. Der Apfelweg, teilweise neu angelegt, geht daran vorbei und bringt uns zum Johanneum, einem ehemaligen Priesterseminar mit neubarockem Turm, am Fußballplatz etwas unterhalb biegen wir rechts ab. Schilder weisen uns den Weg zum Wenzlhof, einem Buschenschank, der für Wanderer geöffnet ist. Vorbei an der sehenswerten gotischen Ruprechtskirche führen uns die Wegweiser wieder zum Ausgangspunkt zurück.

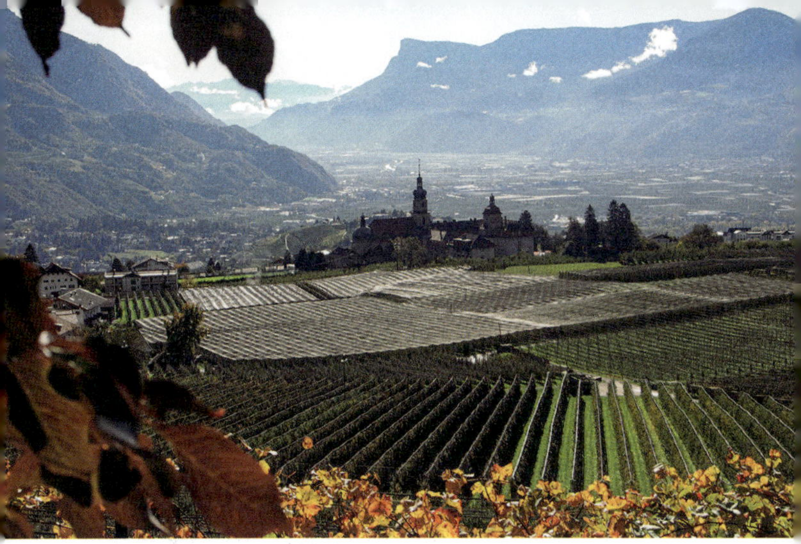

DIE FALKNERPROMENADE

Hans Norman Falkner (1906–1988) war gebürtiger Nordtiroler, musste Österreich 1938 verlassen, emigrierte nach Kanada und gelangte nach seiner Rückkehr durch den Bau von Skigebieten zu Wohlstand. In seiner Wahlheimat Dorf Tirol finanzierte er die wunderbare Promenade, die vom Südende des Dorfes bis zum Anschlussweg nach Schloss Tirol verläuft und von der sich ein traumhafter Panoramablick auf die Kurstadt Meran, ins Etschtal und den Vinschgau bietet. Auch die Bronzebüste, die an ihn erinnert, wurde von ihm bezahlt. Die Bepflanzung der Promenade mit Lavendel, Rosmarin, Olivenbäumen und Zypressen vermittelt mediterranen Flair.

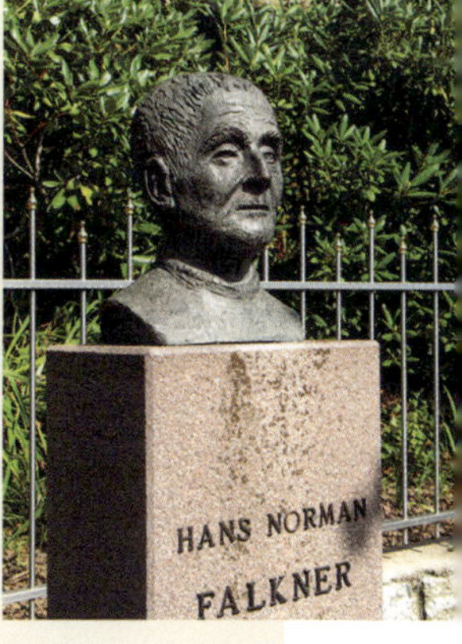

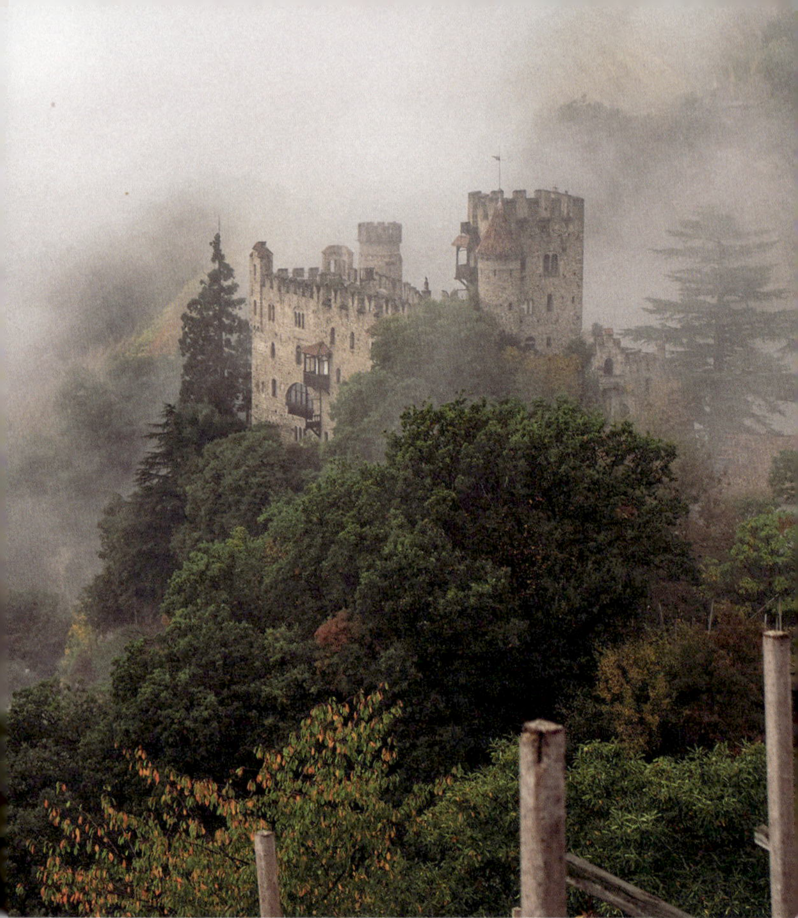

EINKEHRTIPPS

Buschenschank Wenzlhof: Terrasse und großer Kinderspielplatz. Seminarstr. 18, Dorf Tirol, Tel. 0473 923549, www.buschenschank-wenzlhof.com, geöffnet von 12.30–22 Uhr, im Sommer Mo. und Di., im Herbst nur Di. Ruhetag, vom 24. Nov.–Mitte Jan. geschlossen.
Gasthof Tiroler Kreuz: Beliebtes Ausflugsgasthaus mit Panoramaterrasse, mit einem kurzen Abstecher ab dem Pamer Kreuz in 10 Minuten erreichbar. Haslachstr. 117, Dorf Tirol, Tel. 0473 923304, www.tirolerkreuz.com, Fr. Ruhetag, im Winter geschlossen.
In **Dorf Tirol** breites Angebot von Cafés, Eisdielen, Jausenstationen und Restaurants.

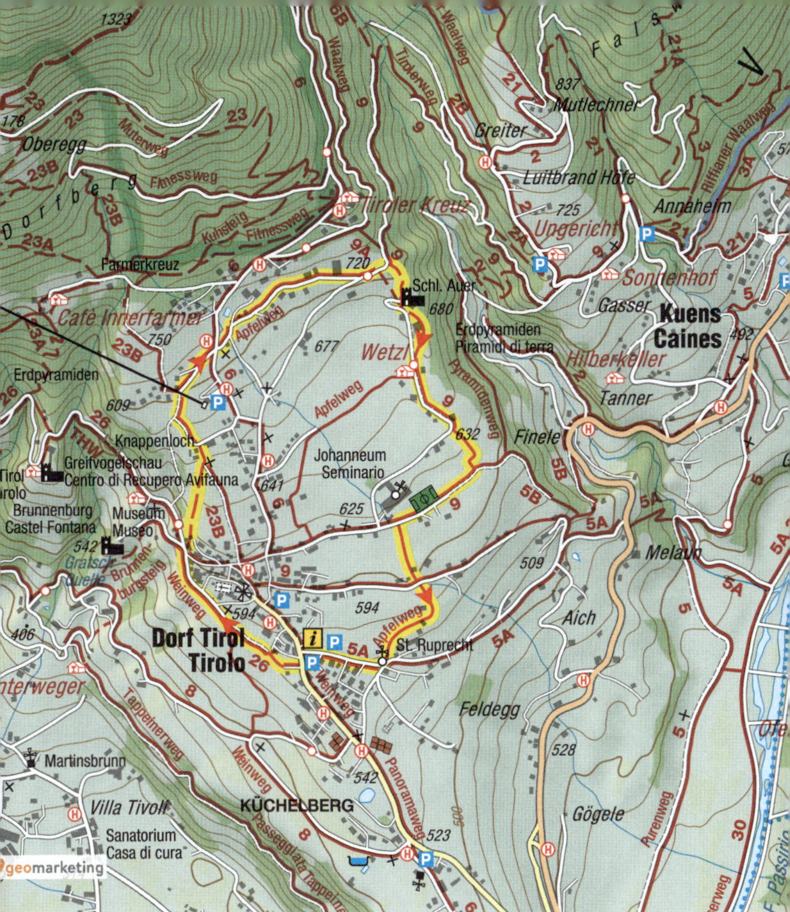

INFOS IN KÜRZE

Kurzweiliger Rundweg, größtenteils abseits vom Touristentrubel.

Dorf Tirol, Ortszentrum, gebührenpflichtiger Parkplatz beim Tourismusbüro, 575 m

mittel

1 h 30 min

170 Hm

4,3 km

Das ganze Jahr möglich, am schönsten zur Apfelblüte im Frühling oder zur Erntezeit im Herbst.

Über Meran nach Dorf Tirol, im Ort mehrere gebührenpflichtige Parkplätze, der letzte direkt gegenüber vom Beginn der Falknerpromenade. Bus Nr. 221 ab Meran.

Der Themenweg steht zwar im Zeichen des Apfels, punktet aber auch mit schöner Aussicht, einer Burg, gotischem Kirchlein, Wassermühle und abwechslungsreicher Wegführung.

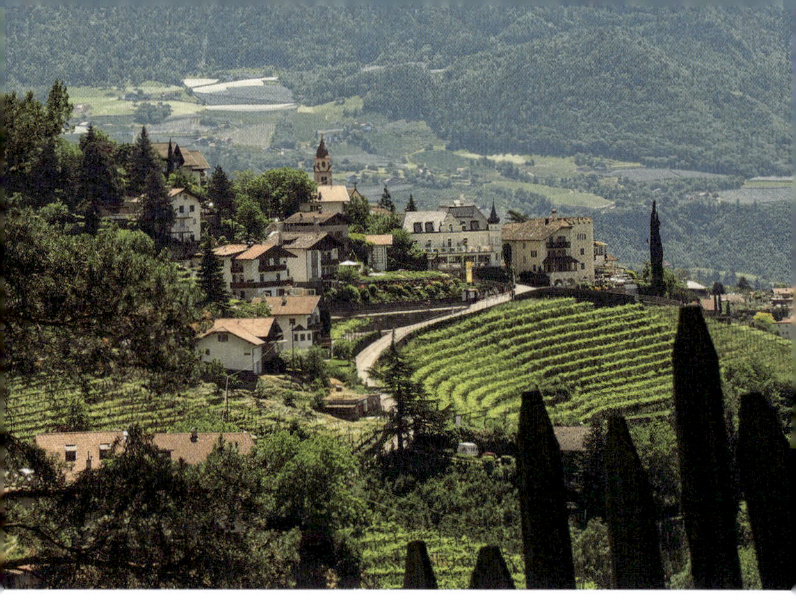

11 Von Dorf Tirol nach Schloss Thurnstein

Die alten Grafen von Tirol wussten schon, wo sie ihre Stammburg errichteten: Dorf Tirol und Schloss Tirol bestechen durch ihre beherrschende Position mit toller Aussicht über das ganze Meraner Becken und das Etschtal. Unser Rundweg führt uns zu geschichtsträchtigen Bauten, durch eine von Menschen in Jahrtausenden geprägte Kulturlandschaft und zum Algunder Waalweg. Auch sind wir ein Stück auf dem Weinweg unterwegs, einem Themenweg, der sich mit dem Rebenanbau und der Weinwirtschaft beschäftigt.

Unsere Wanderung beginnt im Dorfzentrum, beim Parkplatz am Tourismusbüro. Wir überqueren die Hauptstraße, gehen durch das schmiedeeiserne Tor zur Falknerpromenade und folgen nun den Schildern „Schloss Tirol". Das Stammschloss der Grafen von Tirol ist immer im Blick, nach dem Tunnel, dem „Knappenloch", führt ein kurzer, steiler Weg zum Kiosk vor dem Schloss. Wir bleiben auf dem kaum befahrenen Asphaltsträßchen, unmerklich bergab (Nr. 29) gelangen wir zum Kirchlein von St. Peter, ein Besuch des reizenden und wertvollen Ensembles ist ein Muss. Immer wieder laden Bänke an der Straße ein, die unglaubliche Aussicht übers Etschtal und zum nahen Schloss Tirol zu bewundern. Weiter geht es zum Schloss Thurnstein, einem beliebten Ausflugsgasthaus – eine kleine Pause mit Panoramablick von der Terrasse kann nicht schaden. Nun folgen

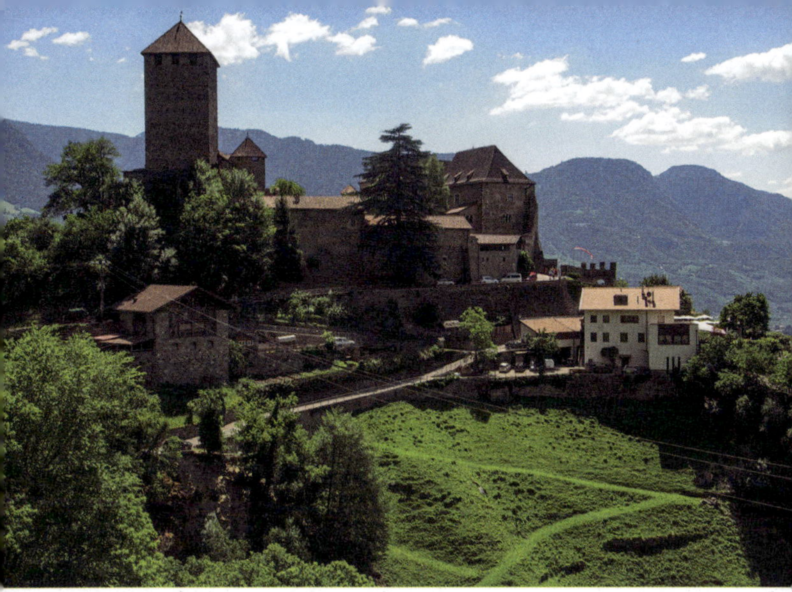

wir den Wegweisern zum Waalweg in westlicher Richtung, nach einem Weinberg wandern wir über den steilen gepflasterten Ochsentodweg bergab bis zum Algunder Waalweg (Wegweiser „Meraner Waalrunde, Algund") und gehen in ebener, genussvoller Wanderung in östlicher Richtung auf Meran zu, bis der Waalweg nach einer Hängebrücke an der Autostraße endet. Dieser folgen wir kurz bergab, bis wir links in den Gnaidweg einbiegen, es geht vorbei an Villen und Gästehäusern mit mediterraner Flora, dann wieder bergauf, Dorf Tirol zu. Wir lassen die Abzweigung zur Brunnenburg unbeachtet, bleiben auf dem Gnaidweg bis zur Keschtngasse, über die wir weiter aufsteigen. Wir sind jetzt auf dem Weinweg, von der Geländekante von Dorf Tirol grüßen bereits die großen Hotels, der Steig geht durch Obstwiesen und Weingärten. Der Falknerpromenade folgend gelangen wir wieder an den Ausgangspunkt zurück.

ST. PETER IN DORF TIROL

Das uralte Kirchlein St. Peter, im 8./9. Jh. errichtet und mit bedeutsamen Fresken ausgestattet, ist eine richtige Mini-Pfarrkirche mit Friedhof, Beinhaus und Kapelle, in der noch die Messe gelesen und das Allerheiligste aufbewahrt wird. Auch als Hochzeitskirche ist sie aufgrund ihrer romantischen Lage zwischen Weinbergen und der prachtvollen Aussicht sehr beliebt. Kurioserweise gehört St. Peter auch heute noch kirchenrechtlich zum Zisterzienserkloster Stams in Österreich.

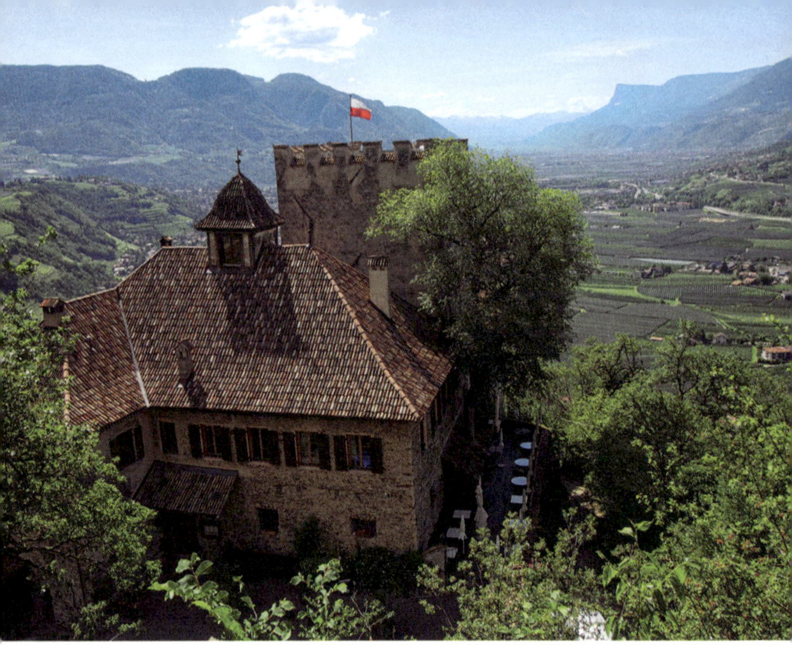

EINKEHRTIPPS

Gasthaus Café Schloss Turnstein: Terrasse, historische Stuben, gepflegte Küche und hausgemachte Kuchen. St. Peter 8, Dorf Tirol, Tel. 0473 220255, www.thurnstein.it, Do. Ruhetag, im Winter geschlossen.
Gasthaus Schloss Tirol: Direkt am Schloss Tirol gelegen, mit großer Terrasse, Gastgarten. Schlossweg 25, Dorf Tirol, Tel. 0473 443125, www.gasthaus-schlosstirol.com, Mo. Ruhetag, im Winter geschlossen.
Café Kronsbühel: Teil des gleichnamigen Hotels, Panoramaterrasse und Wintergarten. St. Peter 20, Dorf Tirol, Tel. 0473 443318, www.kronsbuehel.com, geöffnet von Ostern–Nov., Mi. Ruhetag.

SCHLOSS TIROL

Die mächtige Stammburg der Grafen von Tirol, namengebend für das Land, aufwändig restauriert und als Museumsschloss zugänglich, ist eine Sehenswürdigkeit ohnegleichen. Das Gelände vor dem Schloss mit Bänken, Tischen und einer unvergleichlichen Aussicht über das Meraner Becken und das Etschtal sowie der überdachte Bereich der Ausgrabungen zur Urkirche sind frei zugänglich. Info: www.schlosstirol.it

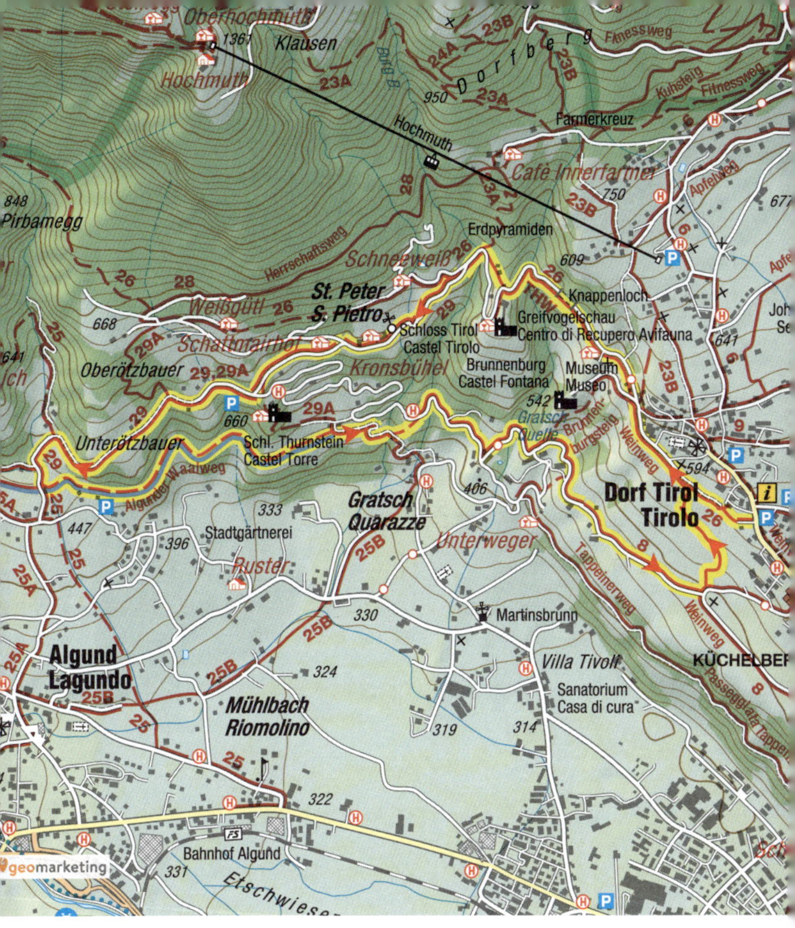

INFOS IN KÜRZE

Vielseitiger Rundweg mit prächtiger Aussicht, auf dem es viel zum Staunen und Erkunden gibt.

Dorf Tirol, Ortszentrum, gebührenpflichtiger Parkplatz beim Tourismusbüro, 575 m

leicht

2 h 40 min

250 Hm im Aufstieg und im Abstieg

7,9 km

Das ganze Jahr möglich, am schönsten zur Apfelblüte im Frühling oder zur Erntezeit im Herbst, im Sommer kann es aufgrund der niederen Lage heiß sein.

Über Meran nach Dorf Tirol, im Ort mehrere gebührenpflichtige Parkplätze, der letzte direkt gegenüber vom Beginn der Falknerpromenade. Bus Nr. 221 ab Meran.

Wer den Weg abkürzen möchte: Von Schloss Thurnstein bzw. vom Ende des Algunder Waalweges (Haltestelle) fährt ein Stadtbus nach Meran zurück.

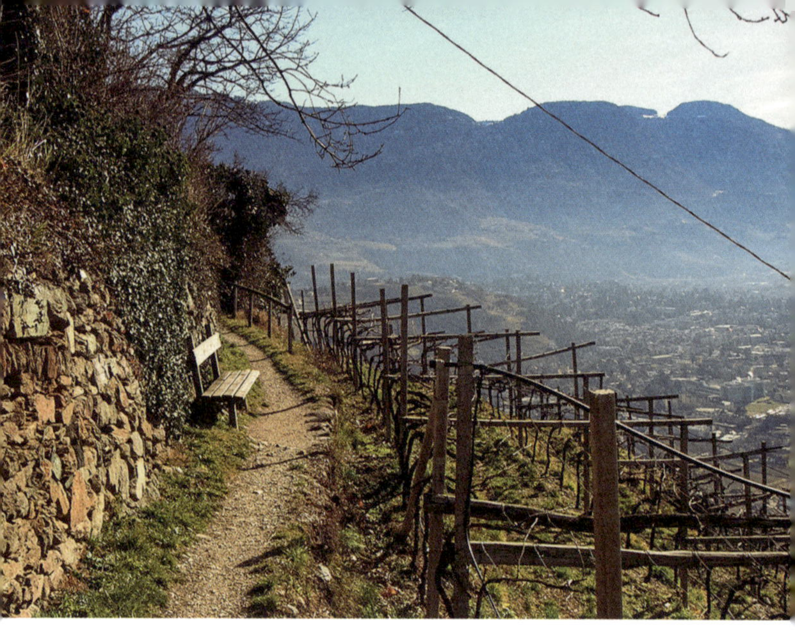

12 Auf dem Herrschaftsweg in Dorf Tirol

Dieser Rundweg am Fuße der steil aufragenden Bergflanken der Mutspitze macht seinem Namen alle Ehre. Beim Wandern durch die einmalige Landschaft mit Schlösser, Burgen, Kirchen, Obst- und Weingütern und Wäldern, die prächtige Aussicht über das Meraner Becken und das Etschtal stets vor Augen, fühlen wir uns selbst ein wenig herrschaftlich, auf jeden Fall privilegiert. Der Herrschaftsweg verbindet leichte Wege sowie Teilstücke des Fitness- und des Apfelweges zu einer wunderbaren Rundwanderung.

Ausgangspunkt ist das Informationsbüro des Tourismusvereins von Dorf Tirol. Wir überqueren die Hauptstraße, gehen durch das schmiedeeiserne Tor zur Falknerpromenade und folgen nun den Schildern „Schloss Tirol". Die mächtige Burg ist immer im Blick, nach dem Tunnel, dem „Knappenloch", führt ein kurzer, steiler Weg zum Kiosk vor dem Schloss. Hier nehmen wir den Weg (Nr. 26) nach Vellau, er führt am Gasthof Hotel Weißenhof vorbei und nun als schmaler Steig mit wunderbarer Weitsicht in größtenteils ebener Hangquerung durch Weinberge und Laubwald zur einfachen, sehr rustikalen Jausenstation Weißgütl. Nun geht es zunächst leicht bergab, dann bei einer Wegkreuzung rechts kurz bergauf (Vellau, Nr. 26) und dann wieder rechts, der Weg dreht. Wir folgen den

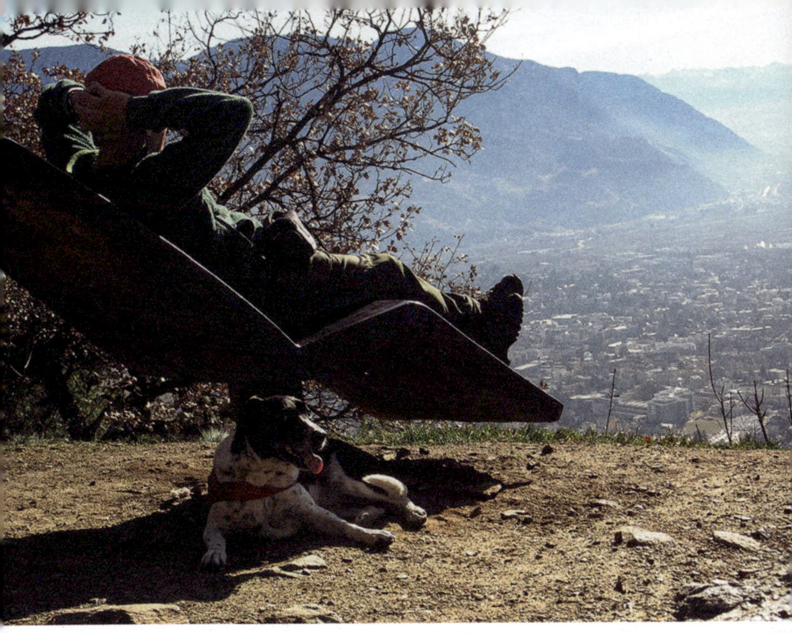

Schildern „Herrschaftsweg“ und „Farmerkreuz“ bergauf, durch felsdurchsetzten Wald, Steilstücke werden mittels Stufen entschärft, Geländer geben Sicherheit. Immer wieder kommen wir an Tischen und Bänken sowie Aussichtspositionen mit hölzernen Liegen vorbei und queren Bächlein. Noch ein kurzer Anstieg über Steintreppen und wir sind bei den Häusern vom Farmerkreuz angelangt. Nach der Jausenstation Innerfarmerhof beginnt der „Fitnessweg“, er bringt uns sanft ansteigend durch Wald zur höchsten Stelle (861 m) unserer Wanderung, nun geht es bergab. Beim Tiroler Kreuz mit dem

BRUNNENBURG

Unterhalb von Schloss Tirol erhebt sich auf einem Moränenhügel in schönster Aussichtslage die Brunnenburg. Bereits im 13. Jh. errichtet, wurde sie um 1900 im historisierenden Stil renoviert. 1955 erwarben Boris und Mary de Rachewiltz die Brunnenburg. Der Vater Marys, der berühmte amerikanische Dichter Ezra Pound, vollendete hier von 1958 bis 1962 sein Lebenswerk, die Cantos. Heute ist die Burg im Besitz der Nachkommen von Mary de Rachewiltz und beherbergt ein Museum zum Thema: *Vom Leben am Steilhang*. Ausgestellt sind landwirtschaftliche Geräte und Werkzeuge, eine Sammlung alter Waffen sowie Interessantes zu Ethnologie und Volkskunst. Ezra-Pound-Str. 3, Dorf Tirol, Tel. 339 1803086, www.brunnenburg.net, geöffnet von 1. Apr. bis 31. Okt., 10–17 Uhr, Fr. und Sa. Ruhetag.

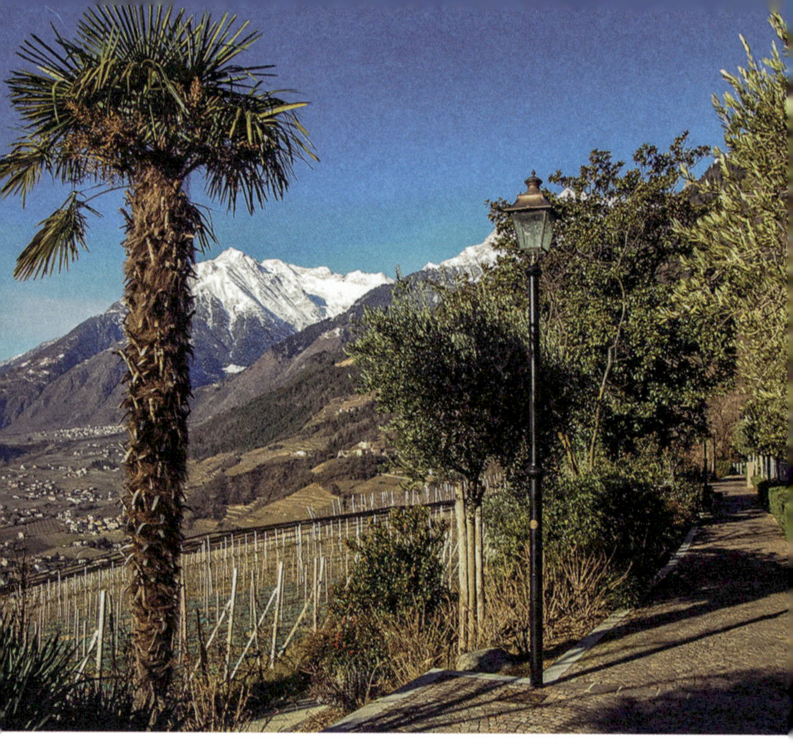

gleichnamigen Gasthaus samt großem Parkplatz und Bushaltestelle endet die Autostraße von Dorf Tirol kommend. Unterhalb davon senkt sich Weg Nr. 9A zum Schloss Auer, wir sind nun auf dem Apfelweg, er bringt uns zum ehemaligen, unübersehbaren großen Seminargebäude mit Zwiebelturm. Oberhalb davon geht es zum Buschenschank Wenzlhof und wieder zum Ausgangspunkt zurück.

EINKEHRTIPPS

Gasthaus Schneeweisshof: Familiengeführt, große Panoramaterrasse, gute Hausmannskost. St. Peter 23, Dorf Tirol, Tel. 0473 220162, www.schneeweisshof.com, Sa. Ruhetag, im Winter geschlossen.
Buschenschank Wenzlhof: Terrasse und großer Kinderspielplatz. Seminarstr. 18, Dorf Tirol, Tel. 0473 923549, www.buschenschank-wenzlhof.com, geöffnet von 12.30–22 Uhr, im Sommer Mo. und Di., im Herbst nur Di. Ruhetag, vom 24. Nov.–Mitte Jan. geschlossen.
Gasthof Café Patriarch: Im Ortszentrum, gegenüber des Tourismusbüros, Terrasse, pfiffiges Speisenangebot von Knödeln bis Pasta. Hauptstr. 32, Dorf Tirol, Tel 0473 923616, www.patriarch.it, ganzjährig geöffnet, Sa. Ruhetag.
In **Dorf Tirol** breites Angebot an Cafés, Eisdielen, Jausenstationen und Restaurants.

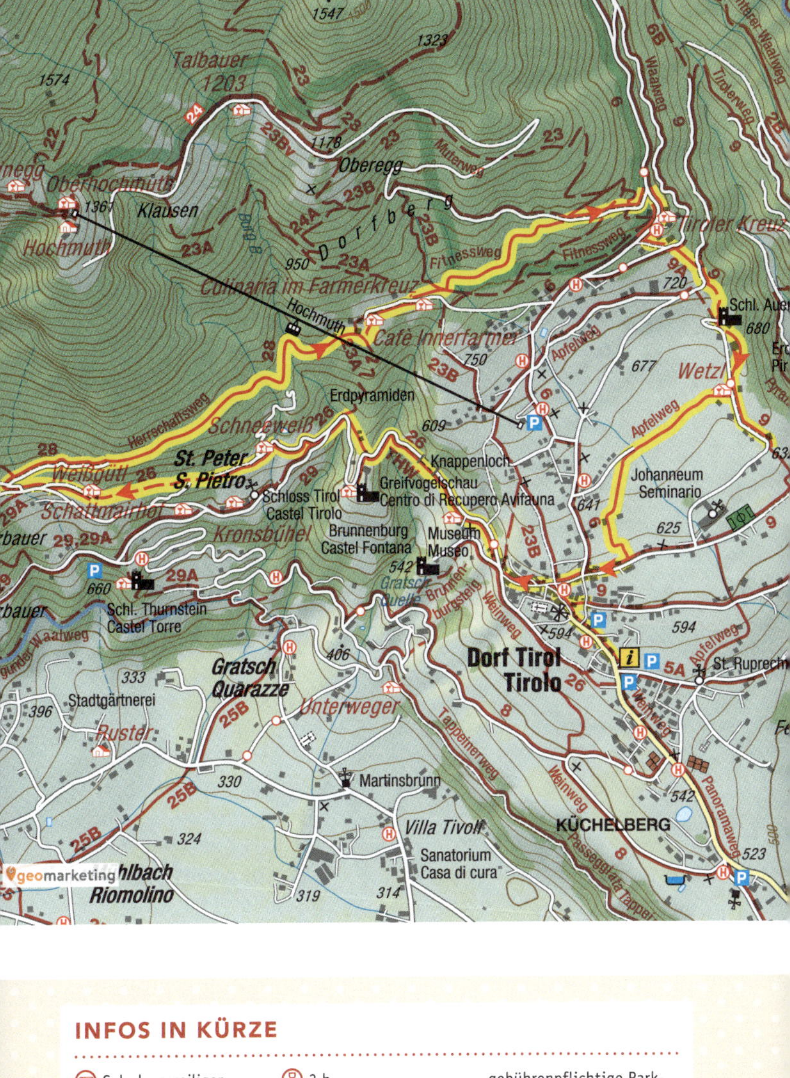

INFOS IN KÜRZE

Sehr kurzweiliger, aussichtsreicher Rundweg mit mäßigen, gut verteilten Steigungen.

Dorf Tirol, Ortszentrum, gebührenpflichtiger Parkplatz beim Tourismusbüro, 575 m

mittel, einige kurze Steilstücke

3 h

310 Hm

8 km

Das ganze Jahr über möglich, am schönsten zur Apfelblüte im Frühling oder zur Erntezeit im Herbst.

Über Meran nach Dorf Tirol, im Ort mehrere gebührenpflichtige Parkplätze, der letzte direkt gegenüber vom Beginn der Falknerpromenade. Bus Nr. 221 ab Meran.

Etwas von allem: Prachtaussicht, Burgen, viele Einkehrmöglichkeiten, abwechslungsreiche Wegführung.

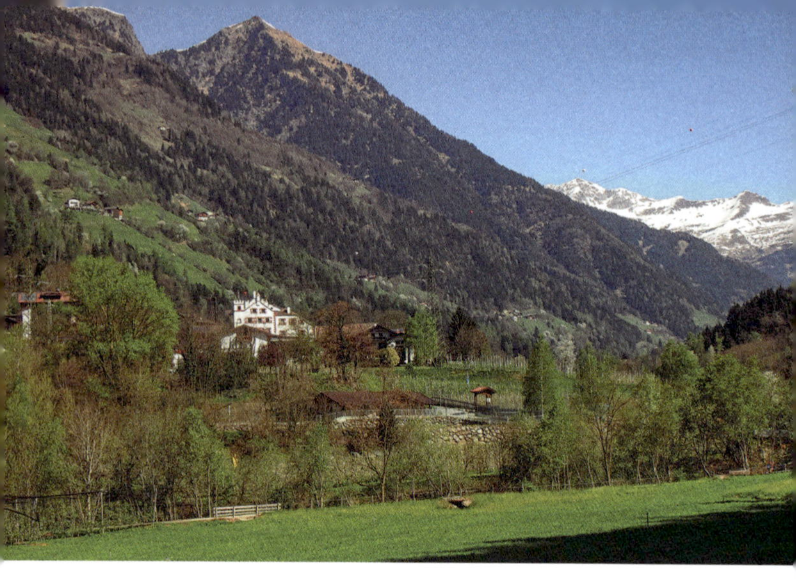

13 Der Maiser Waalweg

Der Maiser Waal schlängelt sich durch schattigen Laubwald, durch Obstwiesen und am Unterlauf durch Weinberge von Saltaus bis nach Obermais, mit seinen 8,5 km ist er einer der längsten des Landes. Der erste Teil verläuft noch im Talgrund, bald schon gewinnen der Waal und der gut ausgebaute Begleitsteig auf der linken Talflanke stetig an Höhe. Bei den Häusern und Gärten der Vorstadt endet der Steig, der Waal selbst führt, zum Teil verrohrt und unterirdisch, weiter bis in die Nähe von Schloss Trauttmansdorff. Wir folgen ihm aber nicht mehr bis dorthin, sondern steigen schon vorher nach Obermais ab und gehen ins Stadtzentrum von Meran.

Wir beginnen die Wanderung in Saltaus im Passeiertal, am Parkplatz an der Talstation der Hirzerseilbahn, gehen die wenigen Schritte zur Passer hinab (Wegweiser „Meraner Waalrunde"), überqueren den Fluss und folgen der Zufahrtsstraße rechts zum Torgglerhof, einem Hotel-Restaurant in Sichtweite. Seltsamerweise gibt es auf der gesamten weiteren Waalstrecke keine Einkehrmöglichkeit, Grund genug, eine Jause in den Rucksack zu packen und unterwegs an einem der vielen Rastplätze gemütlich Halt zu machen. Neben der Straße, die sich bald zu einem Steig verengt, verläuft bereits der Waal, der uns bis nach Meran begleiten wird. Der äußerst abwechslungsreiche Weg geht durch Apfelanlagen, Wiesen, Waldstücke, überquert Bäche, läuft auf Stegen und an Felswänden entlang und gibt immer wieder schöne Ausblicke auf die gegenüberliegende

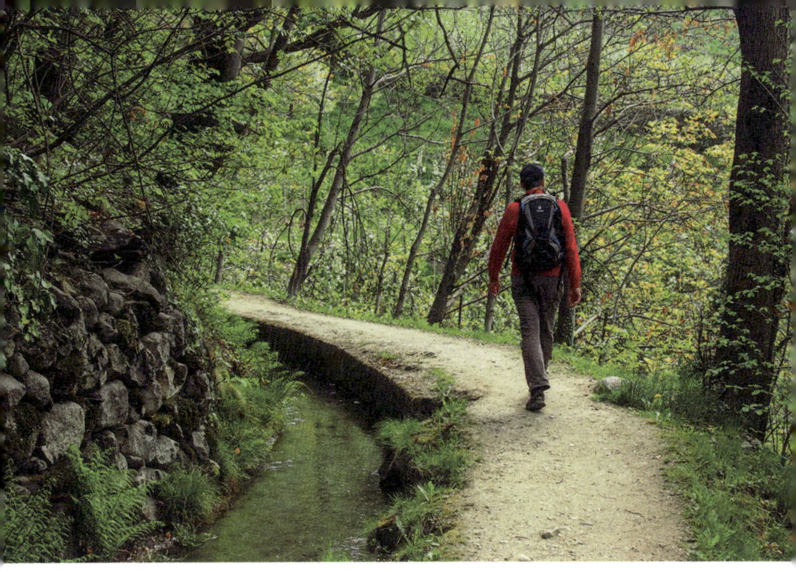

Talflanke frei, wo der Reihe nach die Dörfer Riffian, Kuens und Dorf Tirol vorüberziehen. Am Weg liegen auch Wein- und Obsthöfe. Er wird teilweise von Weinreben überdacht, von denen im Spätsommer üppige Trauben hängen. Das letzte Stück des gut markierten Waalweges führt durch Apfelwiesen, mit schönem Blick über das Meraner Becken, entlang des renovierten, mit Natursteinen gemauerten Wasserkanals und einem schönen Wiesensteig bis zur altehrwürdigen Anlage von Schloss Planta. An seinem runden, wehrhaften Eckturm geht der Steig rechts in eine asphaltierte Straße über. Aufgrund der

DER MAISER WAAL

Am Mittellauf des Waales steht ein Häuschen, dort läutet eine wasserbetriebene Waalschelle. Hier wohnte einst der Waaler, früher Waalhirt genannt, da er den Waal hütete bzw. behütete. Er hatte die Pflicht, regelmäßig die gesamte Strecke abzugehen, die Rechen zu reinigen, für einen regelmäßigen Durchfluss zu sorgen und bei Gewitter das Wasser abzukehren, um eine Versandung des Waales oder gar einen Wasserausbruch zu verhindern. Wie uns eine geschnitzte Holztafel beim Waalerhäuschen erläutert, geht der Bau des Waales auf das Jahr 1462 zurück. Damals genehmigte der Landesfürst Erzherzog Sigmund den Bau des Kanals, der zur Bewässerung der Obermaiser Felder diente und auch heute noch das Wasser dafür liefert. Entlang des Waales, der von einer Interessentschaft instand gehalten wird und offiziell „Obermaiser Neuwaal" heißt, dürfen etwa 75 Bauern in einer festgelegten Reihenfolge, der „Road", das Wasser entnehmen.

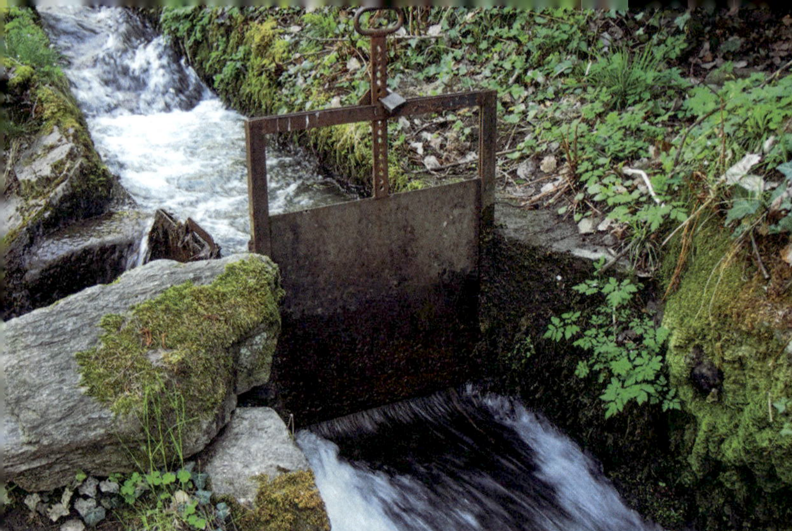

Weglänge und der Beschaffenheit des Geländes ist kein Rundweg möglich. So gehen wir noch 10 Minuten durch die Schönblickstraße bergab bis zur Straße, die ins Passeiertal führt. Wer nach Meran will, überquert die Landstraße und wandert an der Passer entlang ins Stadtzentrum.

EINKEHRTIPP

Hotel-Restaurant Torgglerhof: Großes Landhotel am Beginn des Weges, mit Gastgarten, Kinderspielplatz und Spielwiese, gute Küche im Zeichen des Apfels (das Haus heißt auch Apfelhotel). Saltaus Nr. 19, St. Martin in Passeier, Tel. 0473 645433, www.apfelhotel.com, kein Ruhetag, im Winter geschlossen.

INFOS IN KÜRZE

Lang und abwechslungsreich, keine Rundwanderung.
Saltaus im Passeiertal, 490 m
leicht
2 h 40 min
Keine nennenswerten Anstiege, bis Meran 220 Hm Abstieg.

9,4 km, davon 8,5 km offener Waal mit Wasserführung im Sommer.
Das ganze Jahr über möglich, im Winter keine Wasserführung.
Von Meran 9,7 km auf der SS 44 bis Saltaus. Kostenloser Parkplatz an der Talstation der Hirzerseilbahn.

In Obermais, an der Straße ins Passeiertal, vor der Bar Palma, Haltestelle für jene, die zurück nach Saltaus zum Ausgangspunkt möchten. Buslinie 240 Meran-St. Leonhard/Passeier im 30-Minuten-Takt.

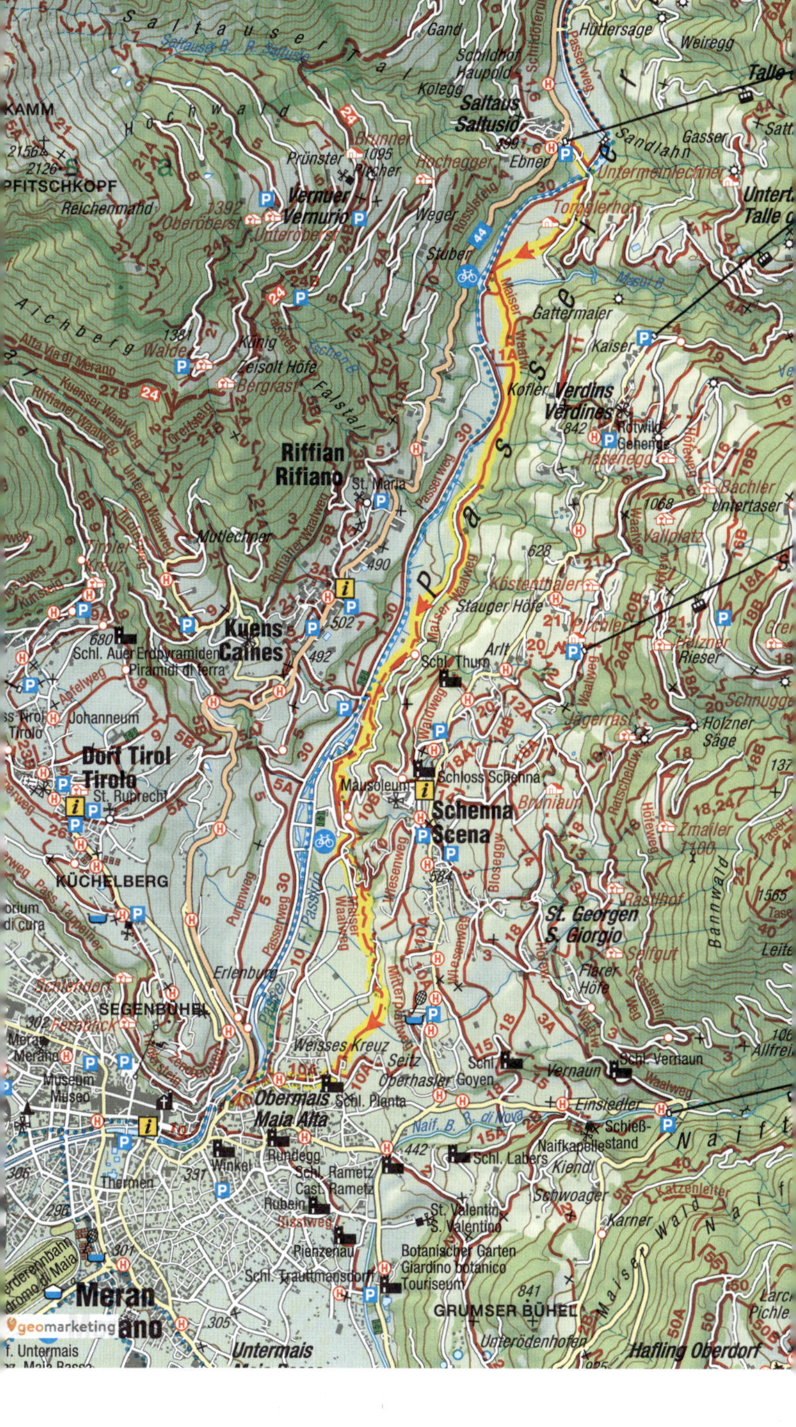
Saltauser Tal
Hochwald
Gand
Schildhof
Haupold
Kolegg
Saltaus
Saltusio
Hüttersage
Weiregg
Sandlahn
Ebner
Gasser
Untermeinlechner
Brunner
Hochegger
Prünster
Pircher
Vernuer
Vernurio
Oberöberst
Unteröberst
Weger
Stuber
Torgglerhof
Reichenmahd
PFITSCHKOPF
KAMM
Aichberg
Alta Via di Merano
Kuenser Waalweg
Riffianer Waalweg
Zeisolt Höfe
Bergrast
Falstal
Gattermaler
Kaiser
Kofler
Verdins
Verdines
Rotwild Gehege
Hasenegg
Bachler
Untertaser
Vallplatz
Riffian
Rifiano
St. Maria
Passerweg
Maiser Waalweg
Mutlechner
Tiroler Kreuz
Köstenthaler
Stauger Höfe
Pirchler
Holzner
Rieser
Kuens
Caines
Schl. Auer
Erdpyramiden
Piramidi di ferra
Schl. Thurn
Arlt
Jägerrast
Holzner Säge
Johanneum
Dorf Tirol
Tirolo
St. Ruprecht
Mausoleum
Schloss Schenna
Bruniaun
Schenna
Scena
Zmailer
KÜCHELBERG
St. Georgen
S. Giorgio
Rastlhof
Bannwald
Waldweg
Wiesenweg
Purenweg
F. Passirio
Erlenburg
Flarer Höfe
Seffgut
SEGENBÜHEL
Weisses Kreuz
Mitterplatzweg
Seitz
Oberhasler
Goyen
Schl. Vernaun
Vernaun
Meran
Merano
Museum
Museo
Obermais
Maia Alta
Schl. Planta
Einsiedler
Schießstand
Naifkapelle
Kiendl
Winkel
Rundegg
Schl. Rametz
Cast. Rametz
Schl. Labers
Thermen
Rubein
Naif B.
Schwoager
St. Valentin
S. Valentino
Karner
Pienzenau
Botanischer Garten
Giardino botanico
Touriseum
Schl. Trauttmansdorff
GRUMSER BÜHEL
Unterödenhofer
Maiser Wald
Hafling Oberdorf
Meran
Untermais
geomarketing

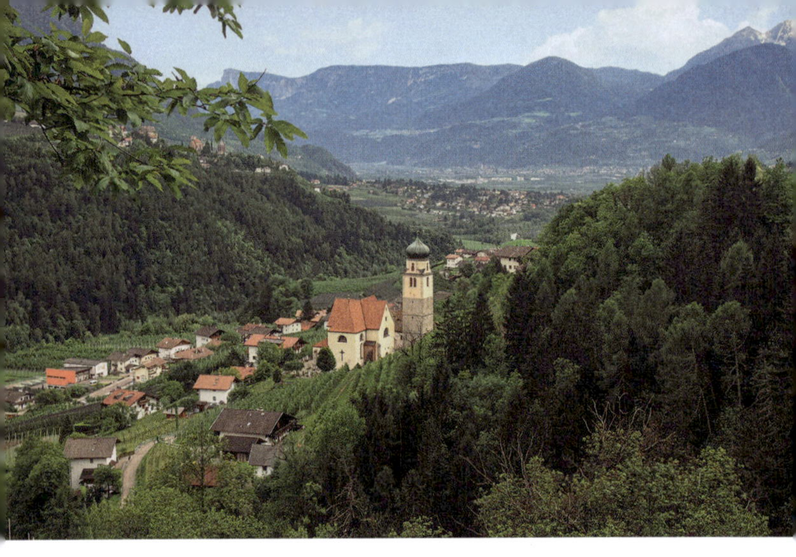

14 Der Riffianer Waalweg

Wo sich der Meraner Talkessel gegen Norden langsam verengt und sich die letzten Rebzeilen an den sonnigen Hängen entlangziehen, liegt am Eingang zum Passeiertal Riffian. Oberhalb des Dorfes, am Talhang, verläuft der Riffianer Waalweg bis zum Nachbardorf Kuens. Die Verbindung mit einem etwas tiefer gelegenen Feldweg ergibt eine abwechslungsreiche Rundtour.

Der Riffianer Waalweg wird seinem Namen nur teilweise gerecht, denn er führt nicht mehr am offenen Wasserkanal entlang. Ab Kuens fließt das Wasser durch eine unterirdische Rohrleitung. Der schmale Waalweg quert in rund 600 m Höhe schönen Mischwald, steile Hänge, führt an felsigen Stellen vorbei, flankiert Apfelanlagen und gewährt dabei immer wieder herrliche Ausblicke auf das Passeiertal und Riffian, das gegenüberliegende sonnenverwöhnte Schenna und die Gipfel von Ifinger und Hirzer.

Vom Parkplatz in Riffian gehen wir auf der Hauptstraße zum Hotel Kreuz, folgen dort dem Schild „Besinnungsweg", biegen nach wenigen Schritten links, beim Haus der Sprengeldienste und des Gemeindearztes, in den Valtmaunweg ab und wandern nun zwischen den Häusern und Apfelanlagen teils auf Feldwegen und kaum befahrenen Zufahrtsstraßen talauswärts in Richtung Kuens. Wir stoßen am Waldrand auf die Zufahrtsstraße nach Kuens und folgen ihr bis zur Einkehr Hilberkeller kurz aufwärts, gehen an der gotischen Kuenser Kirche, die abseits des Dorfes steht vorbei und nehmen die

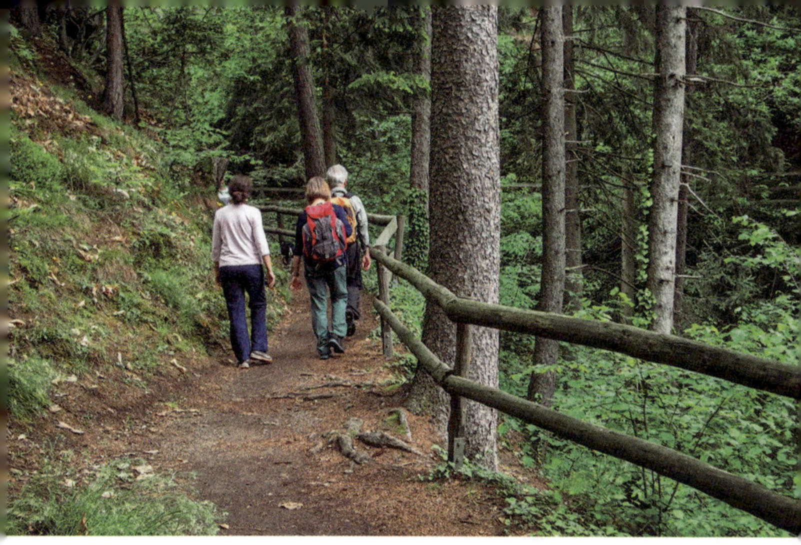

Abzweigung des Hochbühlweges. Nun biegen wir rechts in den ausgeschilderten Waalweg ein („Wallfahrtskirche", „Waalweg"), der Weg dreht hier und wir gehen wieder taleinwärts. Nach dem Ferienhaus „Appartement Waalweg" taucht der Weg in Mischwald ein und verläuft angenehm eben. In Sichtweite der Wallfahrtskirche mit der markanten Zwiebelhaube zweigen wir rechts ab („Wallfahrtskirche Riffian"). Die Kirchenbesichtigung ist für jeden Kunstinteressierten ein Muss! Anschließend steigen wir zur Hauptstraße ab, in wenigen Minuten sind wir wieder am Ausgangspunkt angelangt.

EINKEHRTIPPS

Restaurant Hilberkeller: Gemütliches, großes Ausflugsgasthaus mit Terrasse, Gastgarten, rustikalem Kellerlokal, Kinderspielplatz, Gartengrill. Kuenser Str. 23, Kuens, Tel. 0473 240051, www.hilberkeller.eu, geöffnet von März–Anf. Nov., Di. Ruhetag.
Restaurant Cafè Weinberg: Große Sonnenterrasse, Südtiroler Küche. Kirchweg 20, Riffian, Tel. 0473 241133, www.pension-weinberg.com, Ostern bis Allerheiligen geöffnet, Di. Ruhetag.

BESINNUNGSWEG

Entlang des Waalweges wurde im Jahr 2010 zum Jubiläum „700 Jahre Wallfahrt Riffian" ein Besinnungsweg angelegt: Sieben aus Zirbenholz geschnitzte Stelen des in München wirkenden Südtiroler Künstlers Hartmut Hintner nehmen das Thema der Sieben Schmerzen Mariens auf und übersetzen es in unsere Zeit.

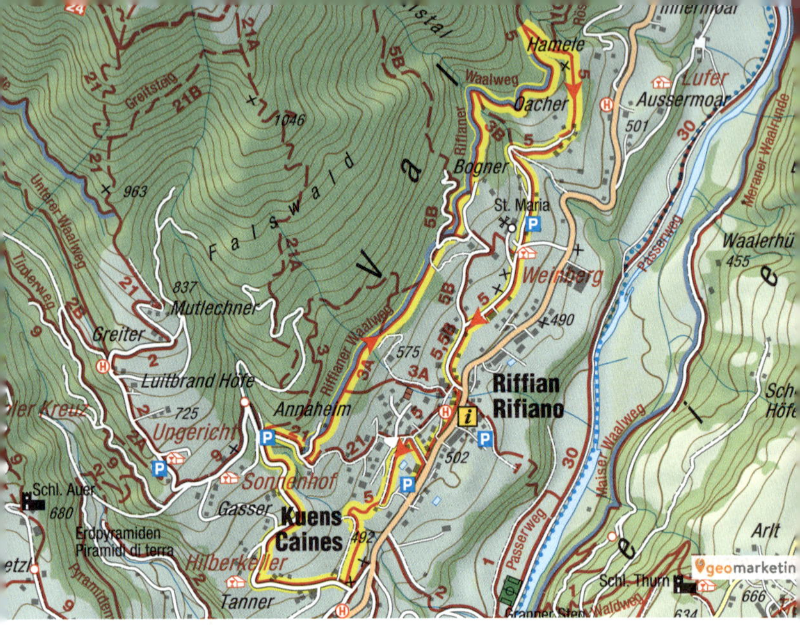

WALLFAHRTSKIRCHE RIFFIAN

Riffian zählt zu den ältesten Wallfahrtsorten Südtirols. Laut einer Legende entdeckte ein Bauer im Flussbett der Passer das nun hochverehrte Gnadenbild der Schmerzhaften Gottesmutter, das am prunkvollen Hochaltar eingebaut wurde. Weitere Kunstschätze sind: eine Kreuzesdarstellung, ein marmorner Taufstein, Deckenfresken, bunte Glasfenster, der Grabstein eines Churer Bischofs u. a. Die nahe Friedhofskapelle birgt bedeutende gotische Fresken von Meister Wenzeslaus aus dem frühen 15. Jh. Sie zeigen u. a. den Mannaregen, musizierende Engel, das Goldene Kalb, die Kreuztragung, die Anbetung der Könige und die Flucht nach Ägypten.

INFOS IN KÜRZE

Einfacher Weg zu einem Ort der Ruhe und Besinnung.
Riffian, 510 m
leicht
2 h
Die kleinen Anstiege summieren sich am Ende zu 230 Hm.
5,6 km
Die Wanderung ist das ganze Jahr über möglich, auch im Winter bei Schneefreiheit.
Von Meran Richtung Jaufenpass 5 km bis Riffian, bald nach dem Dorfeingang ausgewiesener Parkplatz links oberhalb der Straße. Bus der Linie 240 im 30-Minuten-Takt.

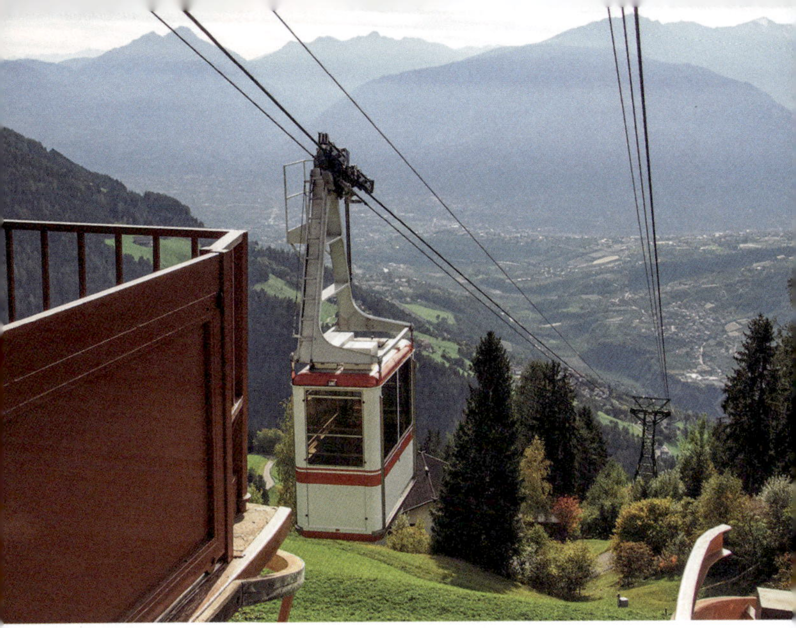

15 Almenwanderung am Fuß des Hirzers

Im Nordosten Merans wird das Passeiertal von den zwei markanten Gipfeln von Ifinger (2.581 m) und Hirzer (2.782 m) flankiert, zu ihren Füßen breiten sich weite Almen aus. Es ist ein ideales Wandergebiet, das zudem gut erschlossen ist, mehrere Seilbahnen ersparen umständliche Anfahrten. Gute Wege und Steige verbinden die vielen Almwirtschaften und Gasthöfe, eine ideale Voraussetzung für erlebnisreiche und trotzdem einfache Ausflüge an der 2000er-Grenze, bei denen wir etwas Hochgebirgsluft schnuppern.

Die kleine Seilbahn in Verdins (859 m) bringt uns in wenigen Minuten nach Tall (1.434 m) und überspannt dabei die beeindruckend tiefe Masulschlucht. An der Bergstation steigen wir auf den Sessellift um, gemächlich zuckelt er in die Höhe bis zur Grube auf 1.816 m. Beim danebenliegenden Gasthaus – es liegt in atemberaubender Panoramaposition an einer Geländekante – beginnt der Wanderweg Nr. 2, der uns in einer guten halben Stunde durch hellen Lärchenwald zum Gasthaus Klammeben (1.991 m) bringt, hier ist auch die Bergstation der Hirzerseilbahn, die von Saltaus heraufkommt. Nun beginnt einer der schönsten Wegabschnitte (Markierung Nr. 40), der in ebener Hangquerung in einer halben Stunde zur Stafellalm nach Süden geht, mit prächtiger Fernsicht über das

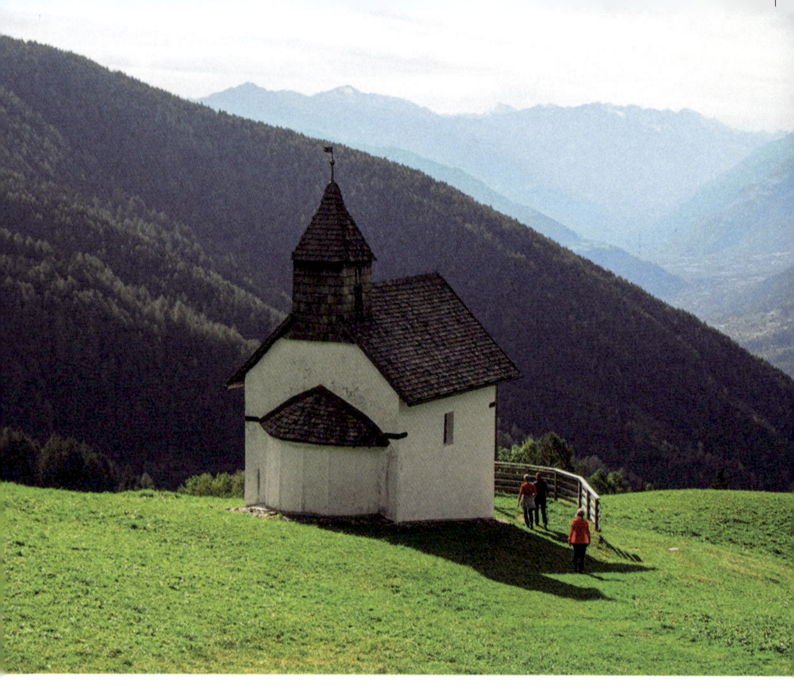

Meraner Becken und zu den Bergriesen der Texel- und Ortlergruppe, übers Etschtal und den fernen Adamello- und Brentagipfeln. Die Alm liegt in einer geschützten Mulde und lädt zu einer kurzen Rast ein. Der Almenweg bringt uns nun durch Wald und über Almwiesen zur Assenhütte. Dabei gilt es, einen Bachgraben mit ein paar kniffeligen Stellen zu queren, ein Hinweis am Wegweiser macht übrigens darauf aufmerksam, dass für das folgende Stück Trittsicherheit erforderlich ist, für geübte Wanderer überhaupt kein Problem, Flachländern gibt ein Seil etwas Sicherheit. Ab der netten Almwirtschaft geht es auf einem breiten Forstweg mit angenehmer Stei-

DER WEILER VIDEGG UND DIE KAPELLE MARIA HEIMSUCHUNG

Die vier Höfe Joggeler, Hiaslbauer, Haas und Inderst scharen sich um das schindelgedeckte Kirchlein, das in wunderbarer Aussichtsposition inmitten einer Wiese steht, und bilden zusammen den kleinen Bergweiler von Videgg (1.500 m). Bereits 1331 wird Videgg (Videkke) erwähnt, um 1691 eine Marienkapelle. Im Inneren des Kirchleins hängen interessante und eindrucksvolle gemalte Kreuzwegstationen mit Beschriftungen in holprigem Deutsch, so z. B. die VII Station: „Christus fallet dass andertemahl (das zweite Mal) unter dem Kreutz“.

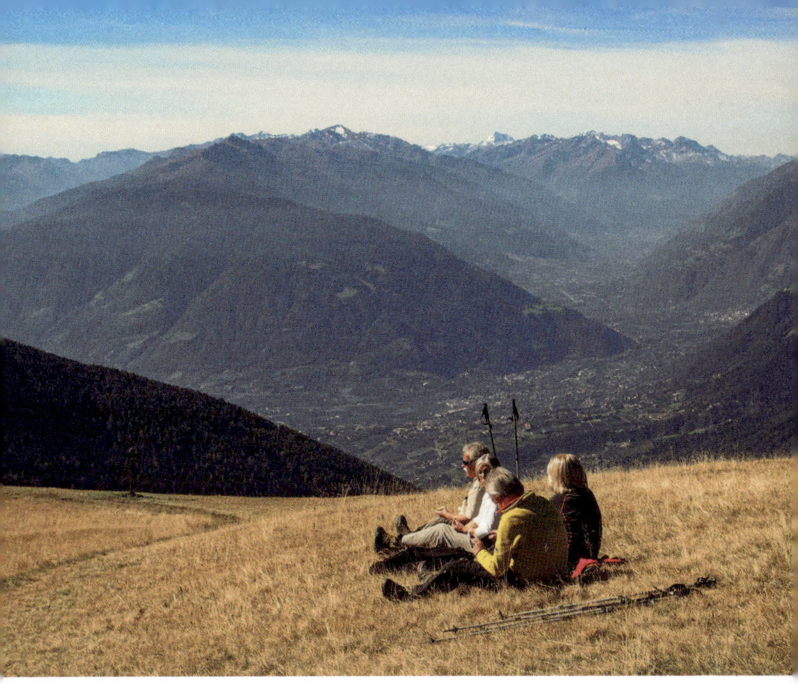

gung bergab zum kleinen Weiler Videgg (1.540 m). Gleich drei Gasthäuser buhlen um die Gunst der Wanderer, gut besucht ist der Gasthof Hiaslbauer, am Ende der Siedlung liegt links am Weg in einem Neubau der Gasthof Videgg. Auf Asphalt geht es nun über den Rießbach, an einer alten Wassermühle und einem kleinen E-Werk vorbei, bis nach Oberkirn, mit einem weiteren Gasthaus und der Bergstation der Seilbahn, die uns wieder nach Verdins zurückbringt.

EINKEHRTIPPS:

Gasthof Grube: An der Bergstation der Seilbahn Verdins-Tall. Obertall 69, Schenna, Tel. 0473 949404, www.gasthofgrube.com, von Apr. bis Nov. geöffnet.
Gasthof Klammeben: An der Bergstation der Hirzerbahn. Tel. 0473 949422 oder 338 7535652
Stafellalm: Obertall 75, Schenna, Tel. 0473 949413 oder 338 8038580, www.unterkirnhof.com
Gasthof Oberkirn: An der Bergstation der Seilbahn Verdins-Tall. Obertall 78, Schenna, Tel. 0473 949459, www.oberkirn.it
Assenhütte: Gemütliche Hütte mit großer Terrasse. Tel. 347 5308364, geöffnet von Mai bis Okt.
Gasthof Hiaslbauer: Hiaslhof Videgg, große Terrasse, Südtiroler Küche, Produkte aus eigener Herstellung. Obertall 45, Schenna, Tel. 0473 949452

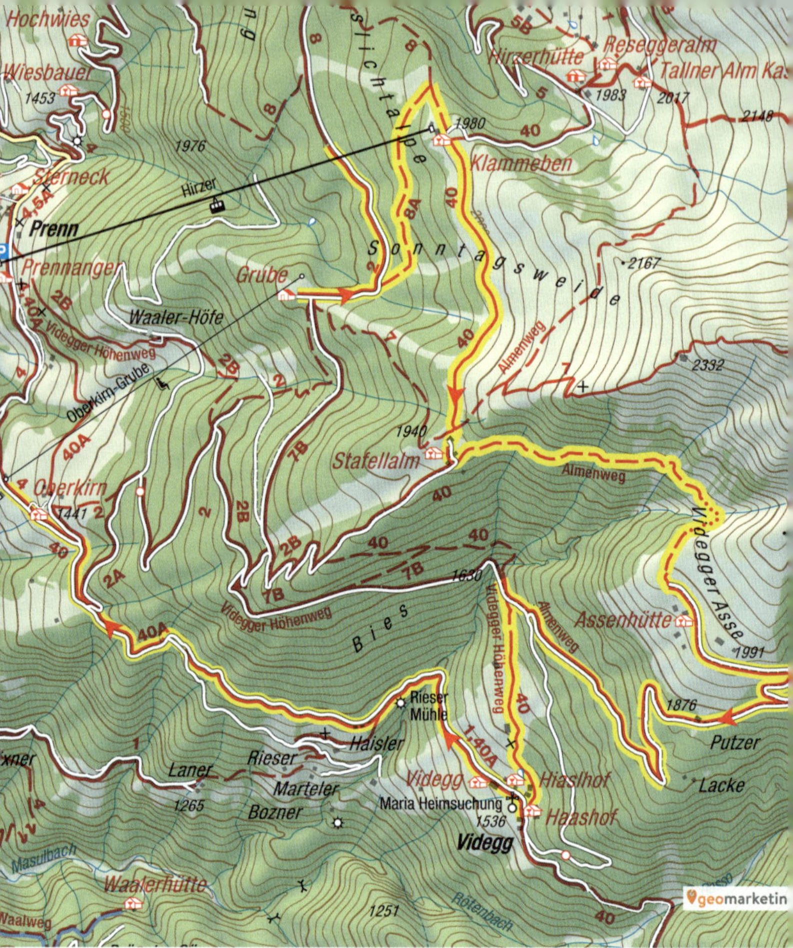

INFOS IN KÜRZE

Almenwanderung mit wenig Aufstieg und mit prachtvoller Aussicht.
Parkplatz an der Talstation der Seilbahn Verdins, 859 m
Mittel, eine etwas ausgesetzte Steigpassage.
3 h 20 min

290 Hm Aufstieg, 665 Hm Abstieg
10,2 km
Sommer bis Mitte Okt. (Hüttenschluss)
Von Schenna 4,6 km bis zum Parkplatz an der Seilbahn Verdins-Tall. Mit dem öffentlichen Bus ab Meran.

Den Fahrplan beachten, die letzte Bahnfahrt von Oberkirn nach Verdins nicht versäumen, sonst wird der Abstieg lang und mühsam. Die Öffnungszeiten der meisten Einkehrstationen orientieren sich an jenen der Seilbahnen.

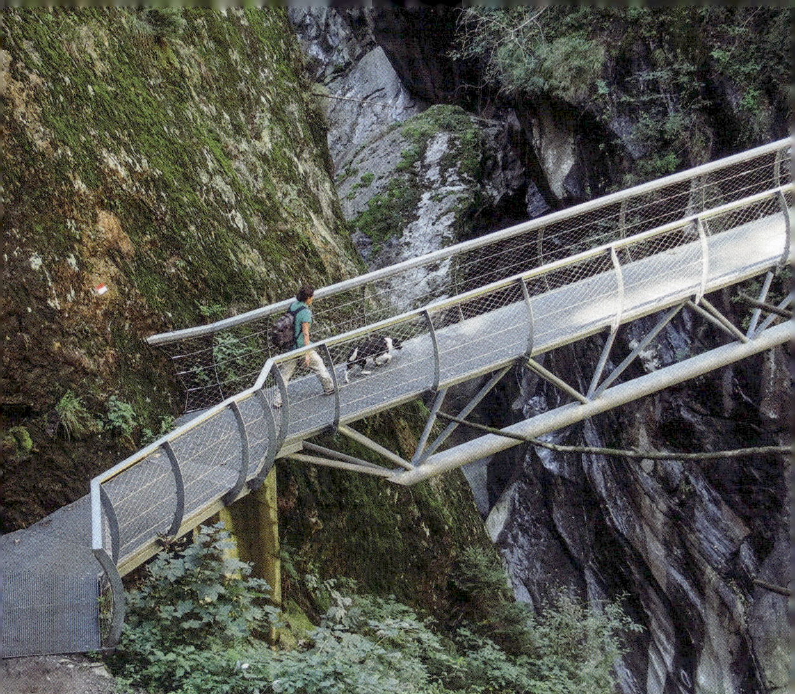

16 Auf dem Passerschluchtenweg

Die Passer ist der Fluss, der ungestüm durch Meran fließt und im Westen der Stadt in die Etsch mündet. An seinem Oberlauf, zwischen St. Leonhard und Moos in Passeier, zwängen sich ihre Wasser durch eine enge Felsenschlucht. Zuerst idyllisch, dann tosend, strudelnd, über Geländekanten stürzend: Die vielen Gesichter der Passer erleben Sie auf einer spektakulären Wanderstrecke, dem Passerschluchtenweg, der zum Teil über stählerne Stege und Brücken, gut gesichert und kinderfreundlich, an Felswänden entlangführt. Tische und Bänke, Brunnen und Infostelen begleiten den Weg. Eine der Stelen führt den sinnigen Spruch: „Ruhe lässt sich auch in der Bewegung finden". Dies passt durchwegs zum Geist des Weges.

Wir starten in St. Leonhard beim Sportplatz. Blau-weiße Wegweiser mit dem Symbol eines Wanderers und der Zusatzbezeichnung „Fußweg-Sentiero, Passerschlucht-Canyon del Passirio" zeigen den Weg, der am Anfang recht unspektakulär einem Asphaltweg zum Schwimmbad folgt und dann weiter taleinwärts geht. Zur Linken rauscht die Passer im noch breiten Flussbett, nach deren Überquerung hinter einem Rückhaltebecken beginnt auf der gegenüberliegenden

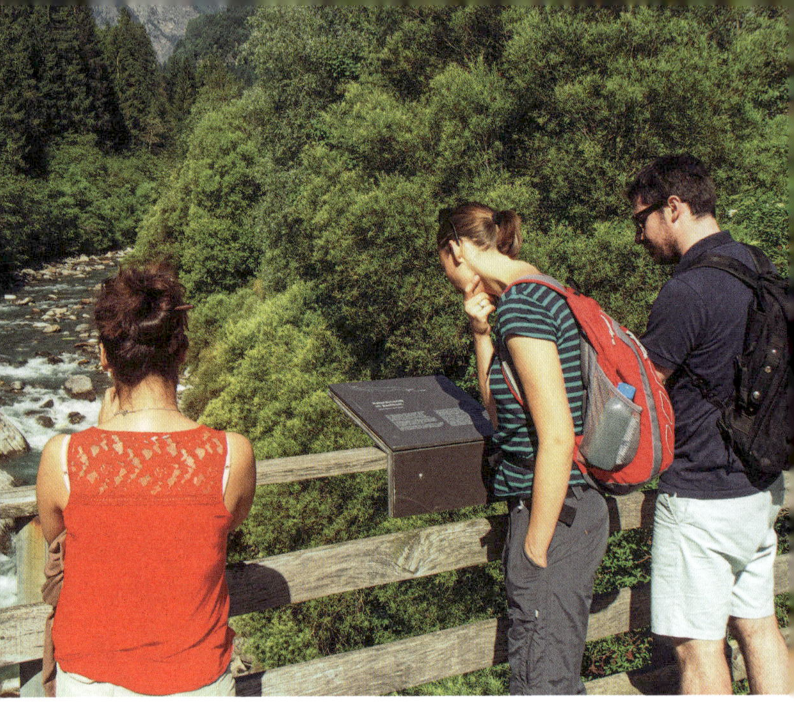

Talseite der eigentliche Wanderweg. Er geht abwechslungsreich durch Wald und Wiesen, bald säumen Felswände den Steig, der jetzt streckenweise auf Stahlkonstruktionen verläuft. Eine Steilstufe wird in Serpentinen überwunden, wir wechseln die Uferseite und bestaunen von der Brücke das tosende Wasser, die geschliffenen Felsen und die üppige Vegetation: Wo das Sprühwasser hinkommt, gedeihen Moose und Flechten. Bald ist das Dörfchen Moos erreicht, nur knapp 400 Höhenmeter sind zu bewältigen. Wer in umgekehrter Richtung unterwegs ist und in Moos startet, geht nur bergab! Gehfaule nehmen für den Rückweg den Bus.
Lust auf ein Zusatzerlebnis? Von Moos führt ein Fußweg neben und unter der Autostraße nach Pfelders zum mächtigen Stieber-Wasserfall und dem Gasthaus Bad Sand, dort schließt ein Steig wieder an die Route über den Schluchtenweg an. Für diese lohnende Schleife sind zusätzliche 45 Minuten Gehzeit und 65 Höhenmeter einzuplanen.

EINKEHRTIPPS

Gasthof Bad Sand: Café am Weg, Spielplatz, Garten, Terrasse, kleine Imbisse wie Knödel, Eierspeisen, Kuchen. Platt 59, Moos in Passeier, Tel. 0473 643565, www.badsand.it, ganzjährig, Di. Ruhetag.

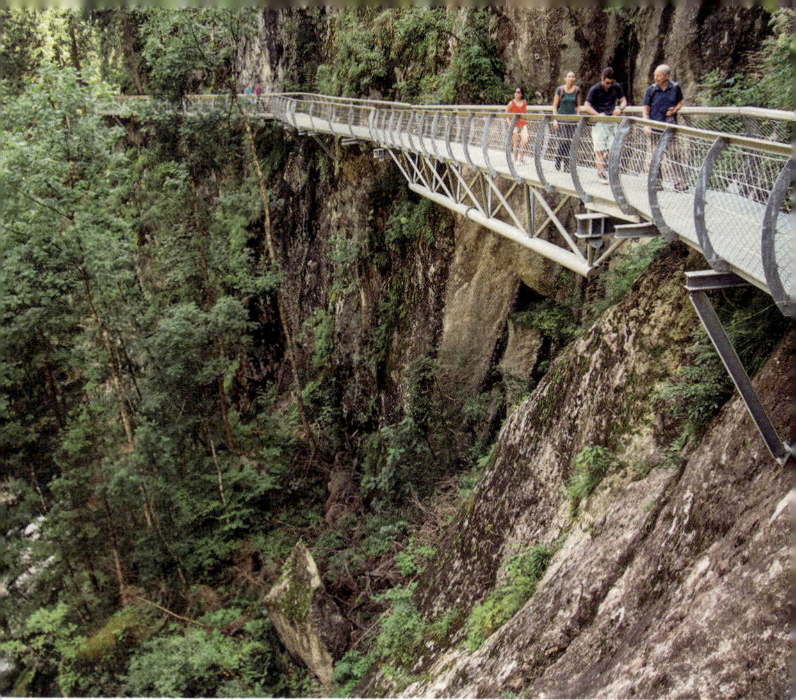

Hofschank Hinterbrugg: Vom Schluchtenweg in 10 Minuten zu erreichen, Sonnenterrasse, gute Hausmannskost, Kaffee und Kuchen. Breitebnerstr. 14, St. Leonhard, Tel. 346 6797288, von Apr. bis Ende Okt. geöffnet, Fr. Ruhetag.
Gasthausbrauerei Brückenwirt: Direkt an der Einfahrt zum Sportplatz, nahe dem Startpunkt der Wanderung. Wirtshausbrauerei und Pizzeria mit hausgebrautem „Höllenbräu", italienische und heimische Kost. Breitebnerstr. 2, St. Leonhard, Tel. 0473 656191, www.hoellenbraeu.com, ganzjährig ohne Ruhetag geöffnet.

WOHER DAS GELD FÜR DEN BAU DES SCHLUCHTENWEGES KAM

Was die Stromproduktion mit einem Erlebnisweg zu tun hat? Viel! Im hinteren Passeiertal wurden im Zuge eines Kraftwerkbaus auch eine Reihe von Umweltprojekten umgesetzt: So wurden eine Fischtreppe gebaut, Fischlaichplätze angelegt, ein Schauraum in einem alten ausgedienten Kleinkraftwerk eingerichtet, Bäume gepflanzt, eine bestehende Mittelspannungsleitung in die Erde verlegt und – als „Bonus" für Einheimische und Gäste – ein schöner Wanderweg durch die sonst unzugängliche Passerschlucht angelegt.

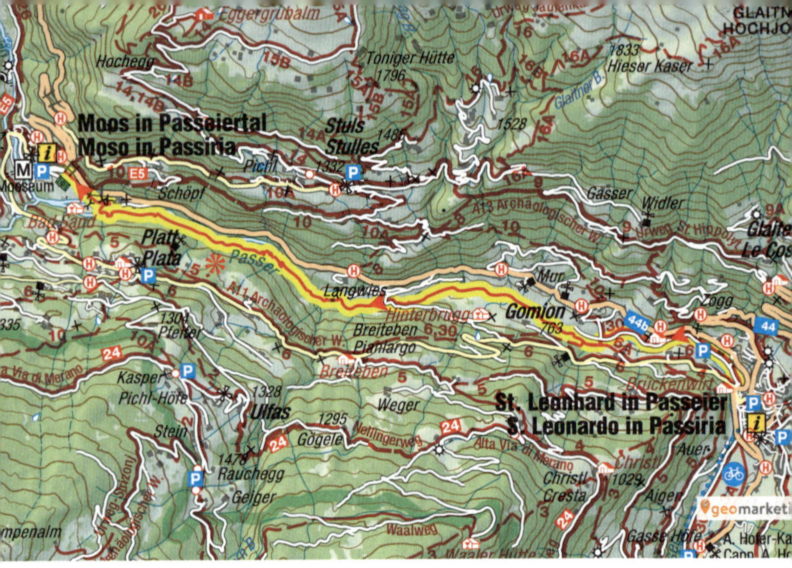

MOOSEUM

Ein lohnendes Zusatzziel ist der Besuch des modernen Bunkermuseums, des Mooseums, das in einer ausgedienten Kriegsfestung in Moos untergebracht ist und gleichzeitig als Infostelle des Naturparks Texelgruppe dient. Ein Steinbockgehege gibt Besuchern die Möglichkeit, diese schönen Tiere aus nächster Nähe zu erleben. Hörstationen, Bilder und Ausstellungsstücke im Militärbunker erklären spannend die Entstehung der Landschaft und zeigen das Leben im Tal. Bunker Mooseum, Dorf 29a, Moos in Passeier, Tel. 0473 648529, www.museum.hinterpasseier.it

INFOS IN KÜRZE

Besonders Kinder finden diesen Weg abenteuerlich, dazu gibt es mehrere Bachspielplätze.
Sportplatz St. Leonhard, 1.013 m
mittel
2 h 40 min (Hinweg)
420 Hm
7,1 km

Frühjahr bis Herbst
Westlich von Meran zweigt das Passeiertal Richtung Norden ab, 20 km auf der SS 44 zum Parkplatz beim Sportplatz von St. Leonhard. Bus (Nr. 240) von Meran nach St. Leonhard.

Sind Sie mit einem Hund unterwegs? Dann könnte es sein, dass er auf den Gitterrosten nicht gerne läuft! Wenn Sie Kinder dabeihaben, die gerne im Wasser planschen, Reservekleidung mitnehmen.

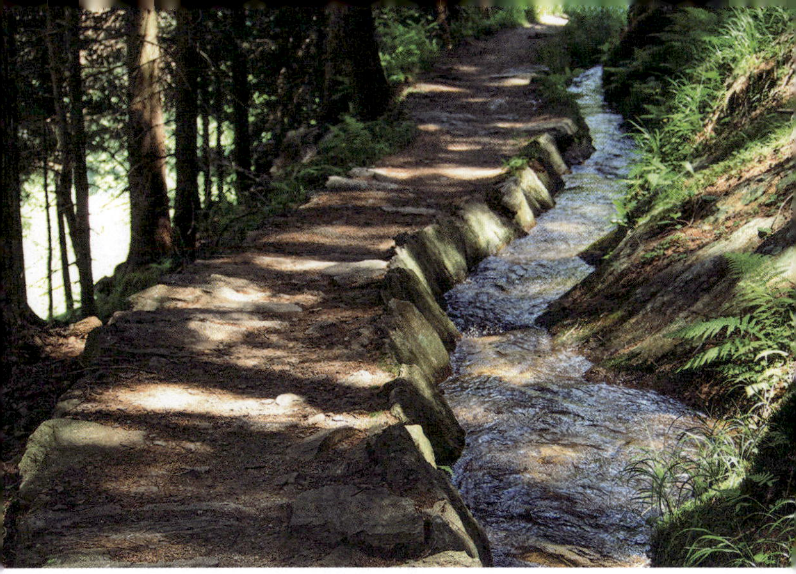

17 Der Ulfaser oder Matatzer Waalweg

Das Passeiertal im Norden Merans ist, was Niederschläge betrifft, zweigeteilt. Hinterpasseier ist wegen seiner Nähe zum Alpenhauptkamm regen- und schneereich, im Gegensatz dazu kann es im mittleren und vorderen Talabschnitt durchaus zu Trockenperioden kommen. So wurde mit schmalen Wasserkanälen, den Waalen, Wasser zu den Feldern und Wiesen geleitet. Einer davon ist der Ulfaser oder Matatzer Waal, nach dem Weiler Ulfas oberhalb von Platt und den Streuhöfen von Matatz auf der Sonnenseite oberhalb von St. Martin benannt. Der Begleitsteig des Waales, einst zur Instandhaltung und Kontrolle angelegt, ist ein angenehmer Waldwanderweg.

Am Parkplatz beim Kratzegghof beginnt der Fußweg (Nr. 2A) und geht mit kaum nennenswerter Steigung entlang der Forststraße ins Salderntal bis zur Ulfaser Alm. Bei der bewirtschafteten Almhütte (1.600 m) beginnt der Waalweg, der größtenteils sehr bequem durch Fichten- und Lärchenwald bis zu einer ersten Lichtung führt und immer wieder die Sicht auf das darunterliegende Passeiertal freigibt. Das Wasser wird aus dem Saldernbach abgeleitet, es fließt breit und ruhig im Bodenkanal, der mit Steinplatten ausgelegt ist. Steilstücke umgeht der Begleitsteig, es geht streckenweise auf und ab, Steigungen sind mit Stiegen entschärft, der Waal wird in ausgehöhlten Baumstämmen, Rohren oder Rinnen aus starken Lärchenbrettern um

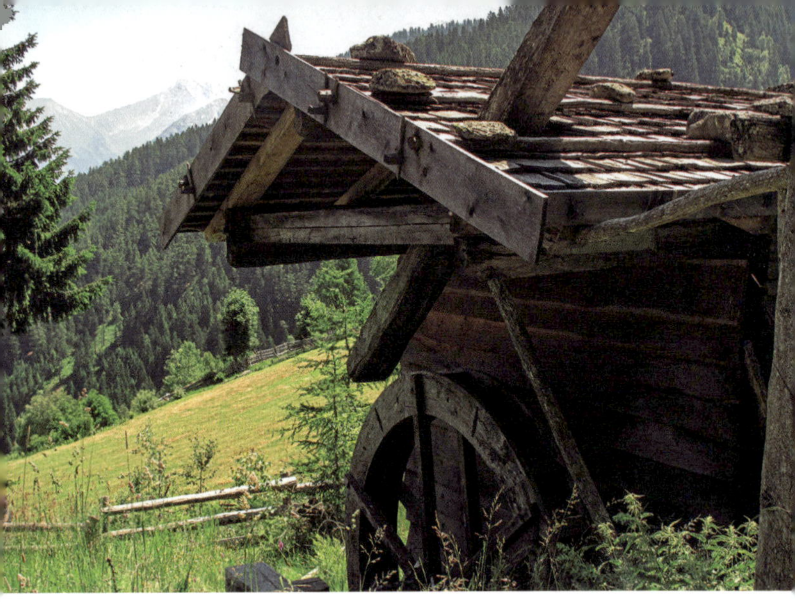

diese Stellen herumgeführt. Am Ende des Weges steht am Wiesenrand die bewirtschaftete, idyllische Waalerhütte, allgemein „Pfarrer" genannt, wo der Waaler – er ist für die Instandhaltung zuständig – einen kleinen Ausschank betreibt. Davor dreht sich langsam das Wasserrad und betätigt die Waalschelle, ihr gleichmäßiges Klingen zeigt an, dass das Wasser läuft und der Waaler beruhigt sein kann. Von der Waalerhütte folgen wir noch kurz dem Waal in die Almwiese und zum Wetterkreuz, ein einmaliger Aussichtspunkt, wo sich ein prächtiges Panorama auf das vordere Passeiertal eröffnet. Rückweg wie Hinweg.

DER BÄR IN ULFAS

Das kleine Kirchlein im Weiler Ulfas ist dem hl. Korbinian geweiht – ein seltenes Patrozinium. Dieser Heilige stammte aus dem Frankenreich. Im 8. Jh. unternahm er eine Pilgerreise nach Rom, kam dabei ins Passeiertal und gründete in Kuens ein Kloster und eine Kirche. Korbinian wird mit einem Bären, der ein Lastenbündel trägt, dargestellt. Der Legende nach soll auf der Pilgerfahrt ein Bär das Lasttier des Korbinian gerissen haben, worauf dieser ihm zur Strafe sein Gepäck aufbürdete und mit ihm nach Rom wanderte. Korbinian wirkte später auch als Bischof von Freising. Im Dorfwappen von Kuens und auf dem Altar der Ulfaser Kirche ist Korbinian mit dem Bären dargestellt. Auch der emeritierte Papst Benedikt XVI., der Erzbischof von München und Freising war, trägt in seinem Papstwappen den Korbinian-Bären.

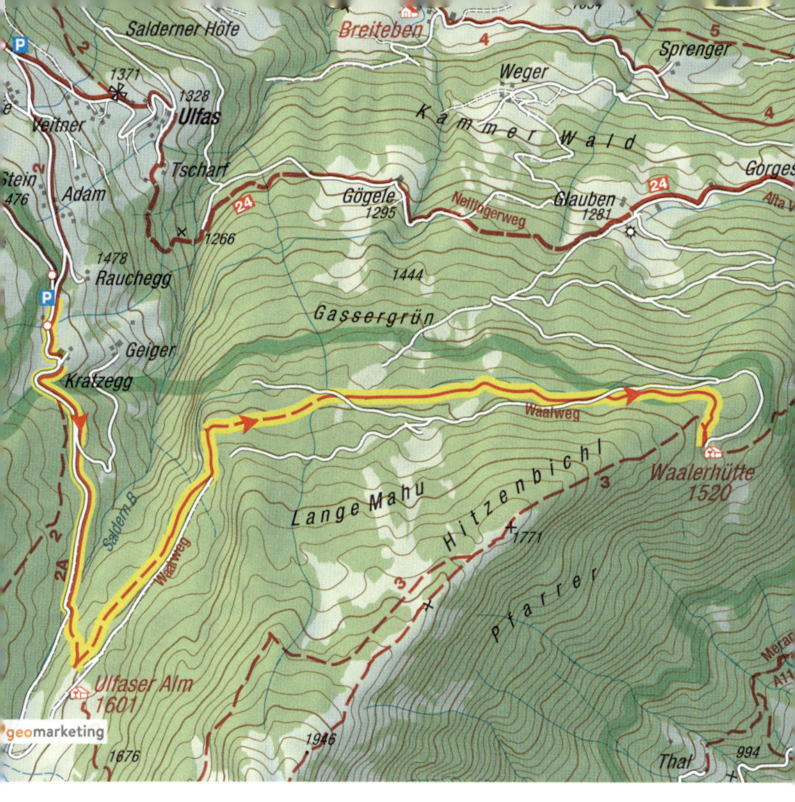

EINKEHRTIPPS

Ulfaser Alm: Gut besuchte Almhütte auf 1.601 m mit vielseitiger Hüttenkost. Tel. 349 1434360, von Mai–Ende Okt. geöffnet, kein Ruhetag.

Pfarrer: Kleiner Ausschank bei der Waalerhütte, keine warmen Gerichte, im Sommer geöffnet.

INFOS IN KÜRZE

Waalweg durch Wald und Wiesen auf 1.500 m Höhe.

Ulfas, Parkplatz beim Kratzegghof, 1.508 m

mittel, kurze Steigungen mit Treppen

1 h 30 min (Hinweg)

125 Hm

4,8 km

Sommer und Herbst

Anfahrt ins Passeiertal nach Moos, dort noch 10 km über Platt und Ulfas zum Parkplatz auf 1.508 m. Bus bis Platt, dann etwas längerer Zustieg.

Aufgrund der Höhenlage empfiehlt sich diese Wanderung besonders im Sommer.

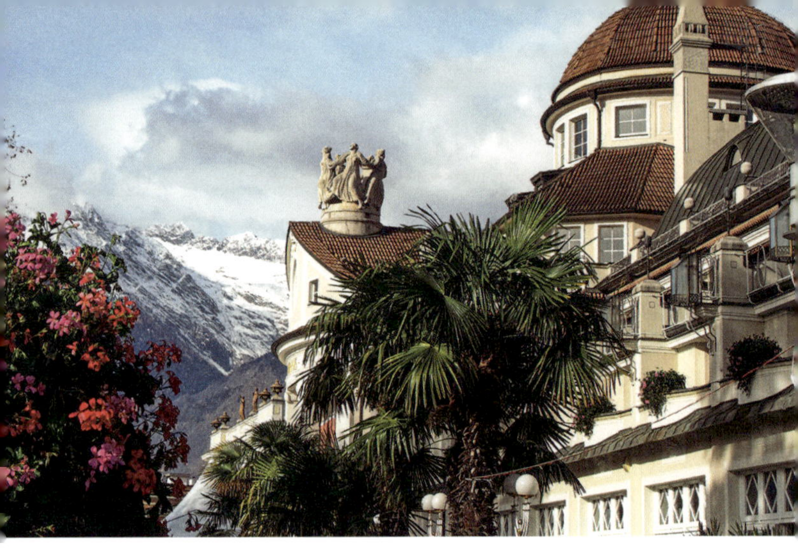

18 Der Sissi-Weg in Meran

Was wäre Meran ohne Sissi, der populären Kaiserin von Österreich-Ungarn? Sie war mehrmals in der Passerstadt zu Gast und trug maßgeblich zum Aufstieg und Ruhm Merans als Kurstadt bei. Zweimal logierte Sissi im Schloss Trauttmansdorff, das am südöstlichen Stadtrand auf einem Hügel thront und das heute das Zentrum des viel besuchten botanischen Gartens und Sitz des Touriseums ist. Auf den Spuren der Kaiserin spazieren wir vom Stadtzentrum zum Gartenschloss, vorbei an alten Burgen und Schlössern, Gründerzeitvillen und geschichtsträchtigen Bauten.

Startpunkt ist das Kurhaus, ein prachtvoller Jugendstilbau. Wir spazieren über die Kurpromenade, die bis 1918 zu Ehren von Sissis Tochter den Namen Gisela-Promenade trug. Über die Postbrücke machen wir einen Abstecher in den Elisabeth-Park, wo die 1903 enthüllte Marmorstatue von Sissi steht. Wieder zurück auf der Promenade, dieser Abschnitt heißt Winterpromenade, gehen wir flussaufwärts, immer den Wegweisern folgend, an der schäumenden Passer entlang bis zur alten, steinernen Bogenbrücke. Die Kurgäste, die vor allem im Winter gerne zur Erholung nach Meran kamen, lustwandelten mit Vorliebe auf diesem sonnigen und windgeschützten Promenadenabschnitt. Wir überschreiten den Steinernen Steg und setzen den Weg auf der linken Flussseite fort. Die Löwen vor dem Hotel Bavaria erinnern an den Bruder von Sissi, Herzog Karl Theodor, der Augenarzt war und abwechselnd in seiner Klinik in München und in Meran praktizierte. Eine weitere Sehenswürdigkeit

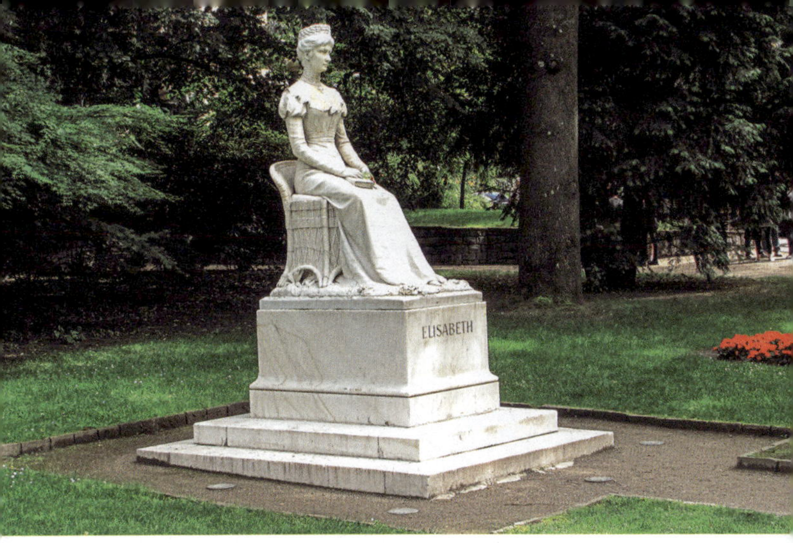

am Weg ist Schloss Rottenstein, das ein Bruder Kaiser Franz Josephs erwarb, Sissi war hier öfters zu Besuch. Über den Brunnenplatz wandern wir durch die ruhigen Gässchen des Villenviertels Obermais und treffen auf so manches bauliche Kleinod wie Schloss Rubein und Schloss Pienzenau. Ersteres stammt aus dem 12. Jh., ist eine der ältesten Burgen des Meraner Raums und liegt inmitten eines

KAISERIN SISSI

Elisabeth, Herzogin in Bayern (1837–1898), war eine bayrische Prinzessin aus einer Nebenlinie des Hauses Wittelsbach, von ihren Geschwistern wurde sie Sissi (nach anderer Schreibweise auch: Sisi) genannt. 17-jährig heiratete sie ihren 24-jährigen Cousin, den Habsburger Franz Joseph I. und wurde so Kaiserin von Österreich und apostolische Königin von Ungarn. Eigentlich hätte sie glücklich sein müssen, sie war schön, reich, hatte einen liebenden Gatten. Aber so sollte es nicht sein. Eines ihrer vier Kinder starb als Kleinkind, der Sohn und Kronprinz Rudolf nahm sich das Leben, sie litt zeitweise an Depressionen, war unstet und scheute das Hofzeremoniell. Sissi reiste viel, oft alleine oder nur in Begleitung von Hofdamen, sprach mehrere Fremdsprachen, schrieb Gedichte, legte übertrieben Wert auf Körperertüchtigung, hielt strenge Diät und machte lange, ausgedehnte Wanderungen. Bei 172 cm Körpergröße wog sie nur 50 Kilo, nach heutigen Maßstäben war sie untergewichtig. Im Herbst 1898 wurde sie am Genfer See von einem Anarchisten erstochen. Sissi kam viermal mit großem Hofstaat nach Meran zur Kur und trug wesentlich zum Bekanntheitsgrad des Städtchens bei.

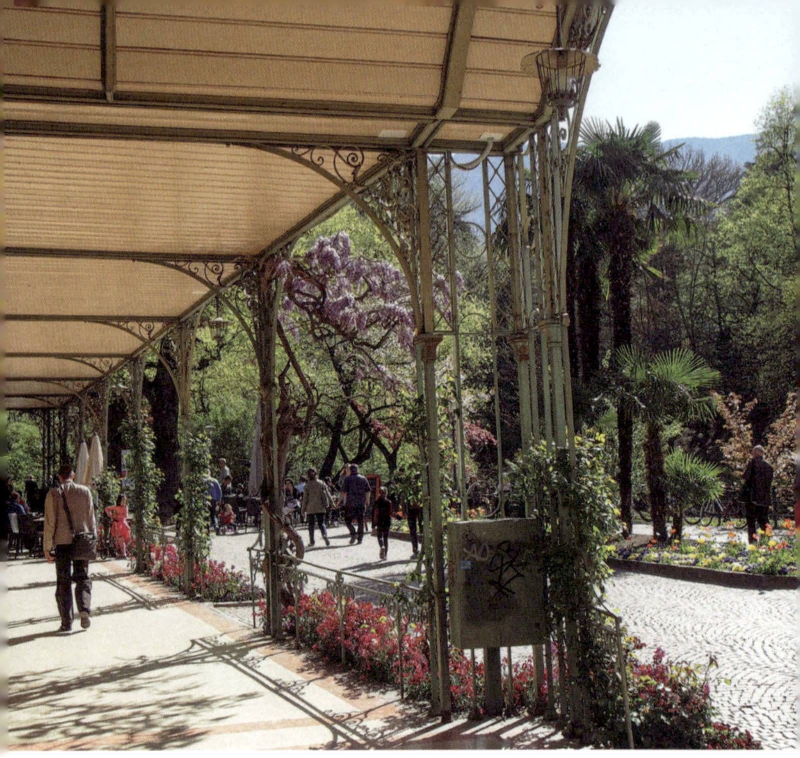

ausgedehnten Parks, letzteres diente während der Aufenthalte der Kaiserin als Remise für Wagen und Pferde, dazu wurde eigens eine telegrafische Verbindung bis zum Schloss Trauttmansdorff eingerichtet. Über die Seilbahngasse – der Name erinnert an die Seilbahn, die von der Stadt zum Bergdorf Hafling führte – und eine kleine Brücke gelangen wir endlich an unser Ziel, zu den Gärten und dem Schloss Trauttmansdorff. Der Schlosspark und das Gelände rundum wurden zu einem botanischen Garten umgestaltet, im Schloss ist das Touriseum, ein unterhaltsames und äußerst kurzweiliges Erlebnismuseum zu Südtirols Tourismus untergebracht, der Kaiserin Sissi ist eine Dauerausstellung gewidmet. Für den Rückweg ins Stadtzentrum nehmen wir den Stadtbus, die Haltestelle liegt direkt am Parkeingang.

EINKEHRTIPPS:

Café Restaurant Schlossgarten: Restaurant in den Gärten von Schloss Trauttmansdorff, schöner Blick über die Anlagen, große Terrasse, heimische und mediterrane Küche, Zugang nur in Kombination mit Gartenticket. St.-Valentin-Str. 49a, Meran, Tel. 0473 232350, www.schlossgarten.it, von Apr. bis Mitte Nov. geöffnet, Öffnungszeiten wie die Gärten, am langen Fr. bis 22 Uhr.

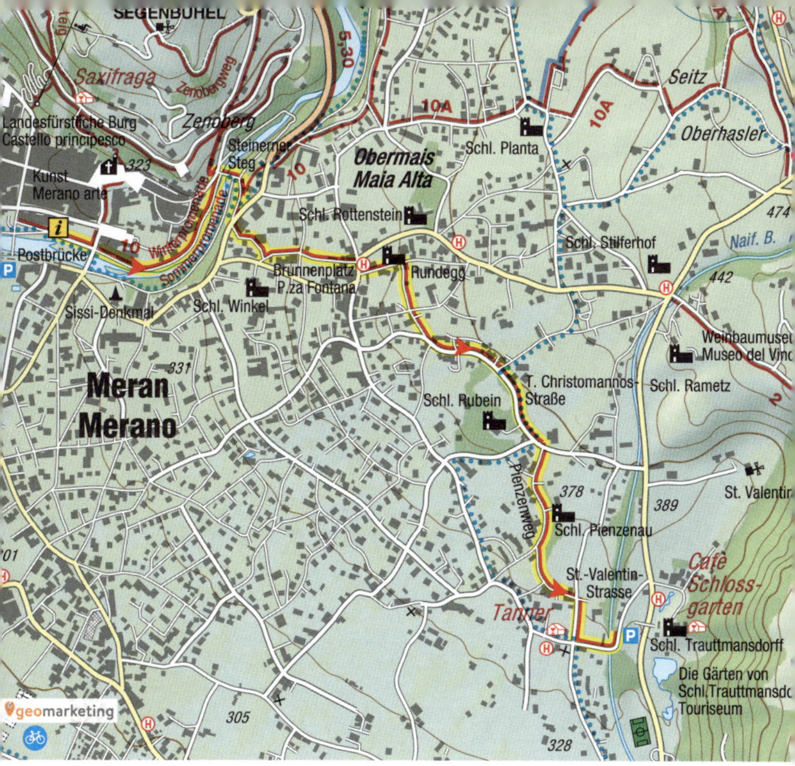

Palmencafè: Direkt am Seerosenteich des botanischen Gartens, Zugang nur mit Gartenticket, Kuchen, Torten, Eis bei Strandatmosphäre. Kontaktdaten siehe Café Restaurant Schlossgarten.
Gasthof Pizzeria Tanner: Ganz in der Nähe der Gärten, traditionelle Gerichte, Pizza, Gastgarten. Dantestr. 77, Meran, Tel. 0473 236558, www.pizzeriatanner.it, Mo. Ruhetag.

INFOS IN KÜRZE

Auf den Spuren der legendären Kaiserin durch Merans Villenviertel bis zu den Gärten von Schloss Trauttmansdorff.

Meran, Zentrum, am Kurhaus, 315 m

leicht

1 h

94 Hm

3,1 km

Das ganze Jahr über möglich, der botanische Garten hat Winterruhe!

Meran Stadtmitte. Gebührenpflichtige Parkplätze im Zentrum, mehrere gebührenpflichtige Parkgaragen.

Kombinieren Sie die Wanderung am Sissiweg mit einem Besuch des botanischen Gartens und des Touriseums, der Ausstellung zu Südtirols Tourismus.

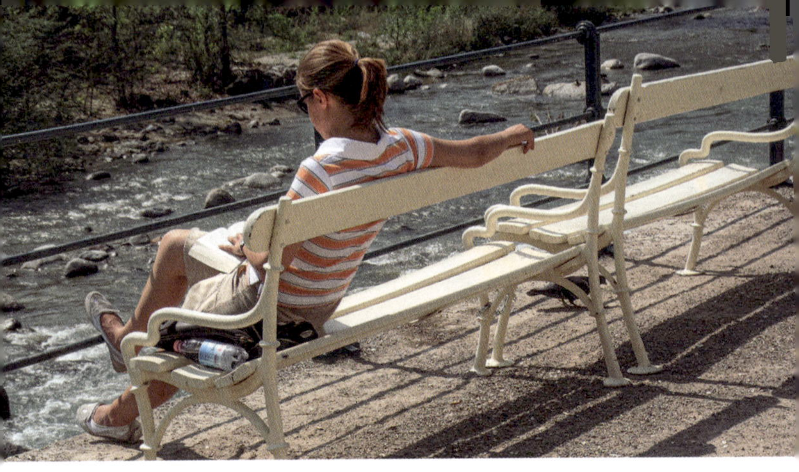

19 Auf dem Tappeinerweg von Meran nach Dorf Tirol

Der Tappeinerweg ist ohne Zweifel der berühmteste Spazierweg Merans, einer der schönsten weit und breit und deshalb auch kein Geheimtipp. „Über den Dächern" der Altstadt führt er in einer langen Hangquerung am Küchelberg entlang und bietet herrliche Ausblicke auf die Stadt, das Etschtal und zu den umliegenden Bergen. Wir kombinieren diese Promenade mit einer kleinen Wanderung nach Dorf Tirol zu einem erlebnisreichen Rundweg.

Wir versetzen uns in die alte Zeit zurück und beginnen die Wanderung auf der Passerpromenade, vor dem Kurhaus der Stadt. Wir flanieren die Promenade flussaufwärts, queren die Straße bei der Postbrücke, einem Jugendstiljuwel, und gehen an der Wandelhalle vorüber zur nächsten Passerbrücke, dem Steinernen Steg. Wegweiser leiten uns und geben die Gehzeit bis zum Beginn der eigentlichen Tappeinerpromenade am Pulverturm an. Die Böschungen neben der Promenade sind mit üppig wachsenden, zum Teil immergrünen Bäumen und Sträuchern wie Palmen, Lorbeer, Korkeichen, Ölbäumen, Eukalyptus, Bambus und Magnolien, Agaven, Aloen, Feigenkakteen, Zedern und Mittelmeereichen bepflanzt. Beim Pulverturm – der Rest einer alten Burgfestung, er kann bestiegen werden – haben wir knapp 100 Höhenmeter überwunden, jetzt geht es zehn Minuten lang mit herrlichem Stadtblick bis zum Restaurant Saxifraga, hier verlassen wir die Promenade und folgen den Schildern „Panoramaweg" und „Tirolersteig" in sanfter Steigung nach Dorf Tirol. Das letzte Wegstück geht zwischen Hotels und Pensionen am Gehsteig der Hauptstraße auf das Zentrum zu. Gegenüber des Tourismusbüros beginnt die Falknerpromenade, wir folgen

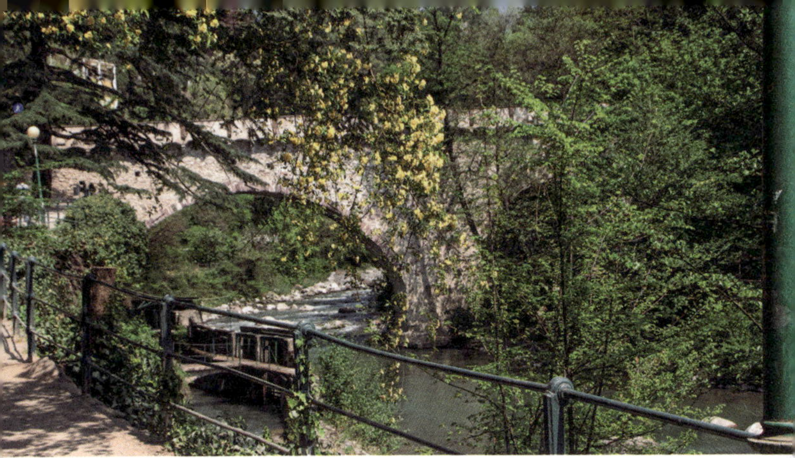

ihr kurz, bis links ein gekiester Feldweg abbiegt. Wir gehen jetzt bergab, den Schildern „Gnaidweg“ und „Weinweg“ nach, durch eine herrliche Reblandschaft. Stationen erzählen Wissenswertes über Weinbau, Rebsorten und die Arbeit im Weinberg. Wir schlagen anschließend den asphaltierten Gnaidweg ein und entfernen uns von Meran, der Blick geht zur Brunnenburg, zum Schloss Tirol und zur Burg Thurnstein, im Tal liegt Algund, im Hintergrund die Berge des Vinschgaus. Bei einem Torbogen in der Laurinstraße in Gratsch beginnt der Tappeinerweg, er schlängelt sich in ebener Hangquerung, gesäumt von mediterraner Pflanzenpracht, in Richtung Meran. Immer wieder laden Sitzbänke oder Cafés und Restaurants zum Rasten, Einkehren und Schauen ein. Wieder beim Restaurant Saxifraga angelangt, steigen wir rechts einen steilen Stufenweg mit Handlauf direkt in die Altstadt zur Stadtpfarrkirche St. Nikolaus hinab, deren mächtiger Kirchturm schon seit einer ganzen Weile im Blickfeld liegt und die Dächer der Altstadt überragt. Vom Pfarrplatz gehen wir durchs Bozner Tor zur Passerpromenade und sind bald wieder am Kurhaus, dem Ausgangspunkt unserer Wanderung, angelangt.

DER TAPPEINERWEG

In der Glanzzeit des Kurtourismus von Meran wurde der Tappeinerweg als Flanierweg für die sonnenhungrigen Gäste angelegt, die die Stadt hauptsächlich im Winter besuchten, um der Kälte und Nässe nördlich der Alpen zu entfliehen. Der Weg trägt den Namen des damals berühmten und als Kurarzt der Schickeria reich gewordenen Dr. Franz Tappeiner, der seinerzeit den Bau der Promenade aus seiner Privatschatulle finanzierte. Dr. Tappeiner kam 1816 in Laas als Bauernsohn zur Welt, studierte in Padua, Prag und Wien Medizin und ließ sich 1846 als Kurarzt in Meran nieder, wo er 1902 verstarb.

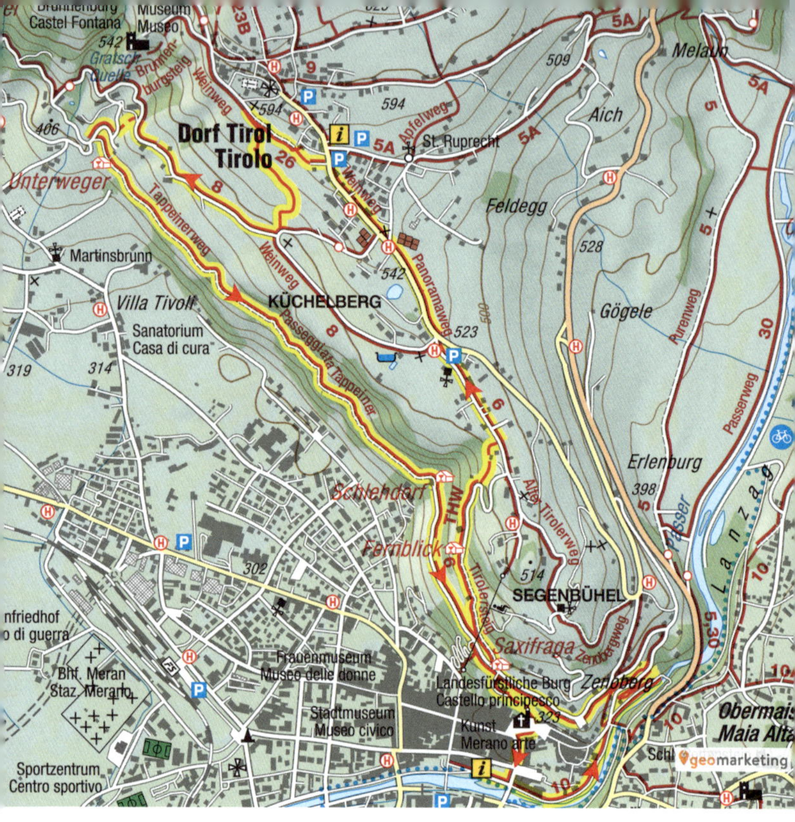

EINKEHRTIPPS

Wir haben die Qual der Wahl, sowohl am Tappeinerweg als in Dorf Tirol und in Meran lockt ein breites Angebot von Restaurants und Cafés.

INFOS IN KÜRZE

Der Klassiker unter den Spazierwegen Merans, viele Einkehr- und Rastmöglichkeiten.

Meran, Zentrum, am Kurhaus, 315 m

leicht

3 h

260 Hm

8,6 km

Das ganze Jahr über möglich, im Sommer Mittagszeit vermeiden.

Meran Stadtmitte. Gebührenpflichtige Parkplätze im Zentrum, mehrere gebührenpflichtige Parkgaragen.

Auch im Winter sehr sonnige und aufgrund der niedrigen Lage schneefreie Wanderung der Spitzenklasse.

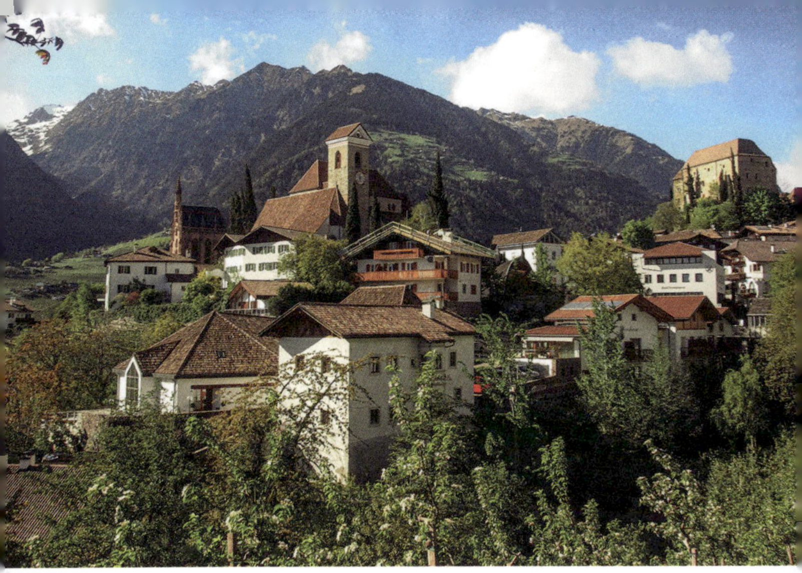

20 Von Meran nach Schenna

Am sonnigen Hang nordöstlich von Meran liegt Schenna, ein beliebter und viel besuchter Ferienort. Von der Stadt bis zum alten Dorfkern mit Kirchhügel, Dorfplatz und dem alles beherrschenden Schloss Schenna zieht sich ein schöner Wanderweg hin. Wir queren das Villenviertel von Obermais, Obstfelder und Weingärten und zuletzt, auf einem vorbildlich angelegten Weg in großteils ebener Wanderung, den sich zum Meraner Kessel hinziehenden Berghang. In Kombination mit dem etwas tiefer verlaufenden Waalweg, der aus dem Passeiertal kommt, ergibt sich ein schöner, stadtnaher Rundweg.

Wir beginnen unsere Wanderung im Stadtzentrum, an der Passerpromenade, spazieren flussaufwärts bis zum Steinernen Steg, überqueren ihn und setzen die Wanderung auf dem Lazagweg (Nr. 10) fort. Nun nehmen wir die Unterführung, die unterhalb der Straße ins Passeirertal hindurchführt, biegen nach 100 m rechts ab und gehen an der Pizzeria Mösl vorbei in den Schönblickweg. Wir wandern stetig bergauf, an Häusern und Gärten und an Schloss Planta

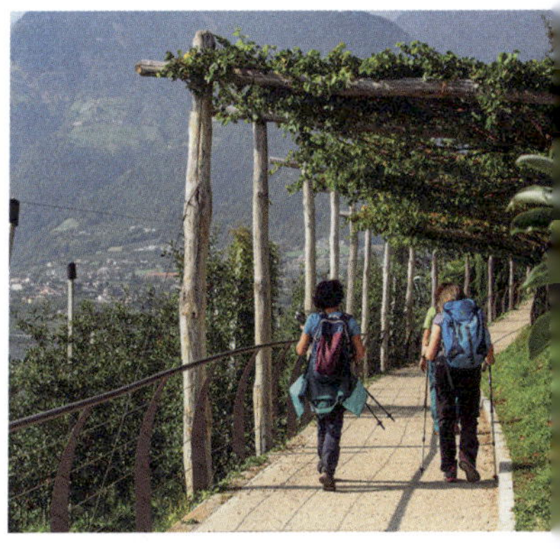

mit seinen mächtigen Rundtürmen vorbei und gelangen auf Weg 10A. Nach einem kurzen Steilstück erreichen wir das weithin sichtbare Schwimmbad von Schenna. Hier mündet der Steig in den breiten, promenadenartigen Mitterplattweg, der abwechslungsreich bis ins Zentrum von Schenna führt. Von hier gehen wir zwischen Gemeindehaus und Schlosswirt hindurch und hinter dem Mausoleum von Erzherzog Johann auf asphaltiertem Güterweg („Rothalerweg", Nr. 10B) bergab. Dieser trifft auf den Waalweg „Saltaus-Obermais", der aus dem Passeiertal kommt. Wir wandern am Waalweg entlang bis zum Schloss Planta, treffen dort auf den Aufstiegsweg und sind bald wieder im Stadtzentrum von Meran angelangt.

EINKEHRTIPP:

Restaurant und Pizzeria am **Freibad von Schenna**, frei zugänglich, spektakuläre Panoramaterrasse. Sie liegt am Aufstiegsweg. Alte Straße 12, Schenna, Tel. 327 2299690
Im Ort mehrere Gasthäuser, Restaurants, Pizzerias, Eisdielen und Konditoreien.

DIE KIRCHEN VON SCHENNA

Weithin sichtbar gruppieren sich auf und um den Kirchhügel von Schenna das imposante Schloss Schenna (siehe dazu den Beitrag auf S. 83), das Mausoleum des Erzherzogs Johann und drei interessante Kirchen. Die Martinskirche am Friedhof mit ihren sorgfältig geschichteten Sichtsteinmauern stammt aus dem 13. Jh. Die sogenannte „Alte Pfarrkirche" Maria Himmelfahrt war ursprünglich romanisch und wurde um 1200 erbaut. Bei Grabungsarbeiten vor wenigen Jahren stieß man auf Mauerreste, Münzen und andere Fundstücke aus römischer Zeit sowie die Anlage einer frühmittelalterlichen Kirche. Schenna war damals die nördlichste Pfarre des Bistums Trient, die Passer bildete die Grenze zum Bistum Chur. In der reich ausgestatteten Kirche, die in der jetzigen Form aus der Gotik um 1500 stammt, sind diese Fundstücke ausgestellt. Die große, neue Pfarrkirche wurde von einem Wiener Architekten im neugotischen Stil geplant und 1931 vollendet. Den Turm teilt sie sich mit der alten Pfarrkirche. Sehenswert sind die Apostelfiguren und die Kreuzwegstationen im Inneren. In beeindruckender Aussichtsposition schließt das in den Jahren 1860–1869 ebenfalls im neugotischen Stil und aus rotem Sandstein erbaute Mausoleum den Hügel im Süden ab. Es ist die Grablege des Besitzers von Schloss Schenna, Erzherzog Johann, sowie seiner Gattin und ihrem gemeinsamen Sohn.

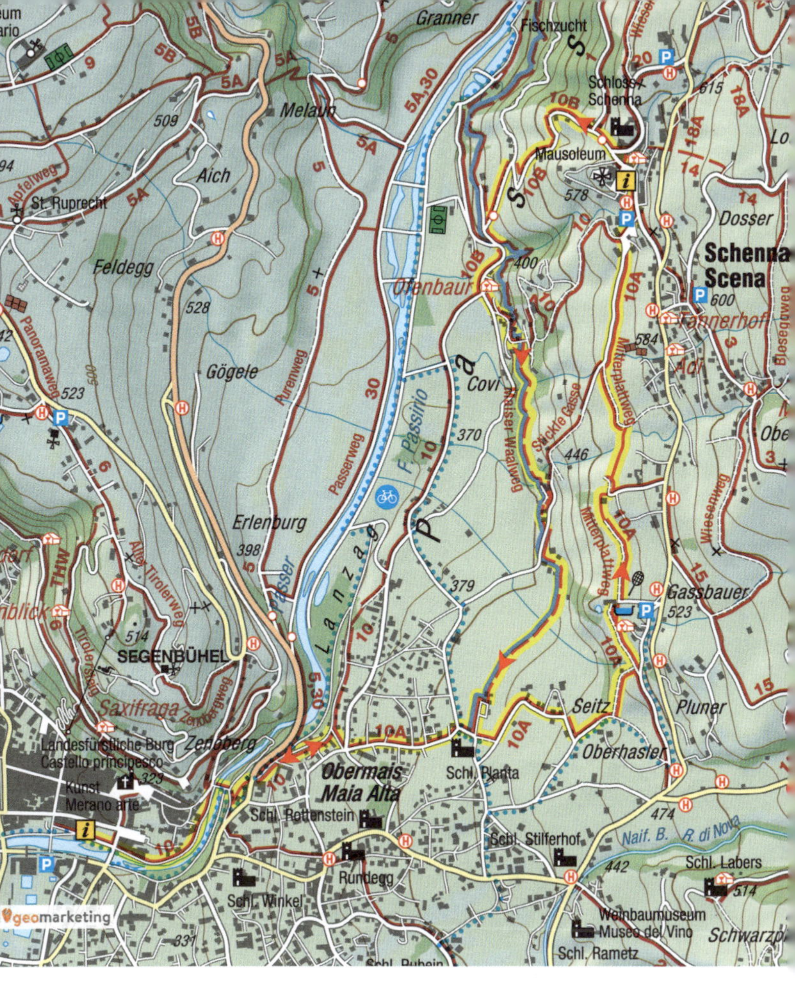

INFOS IN KÜRZE

Rundweg mit starken Eindrücken: Landschaft mit Meranblick, Schenna mit Schloss und Kirchhügel, der Waalweg am Rückweg.

Schenna, Dorfzentrum, 313 m

mittel

3 h

295 Hm

9,5 km

Im Sommer ist es hier sehr heiß. Ideal im Frühling zur Obstblüte, im Herbst bei Weinlese und Obsternte und besonders an sonnigen Wintertagen.

Alle Parkplätze im Zentrum von Meran gebührenpflichtig. Mehrere Parkhäuser.

Wer mit dem Bus nach Meran zurück möchte: Buslinie 231 Meran–Schenna, Fahrplan unter www.sii.bz.it.

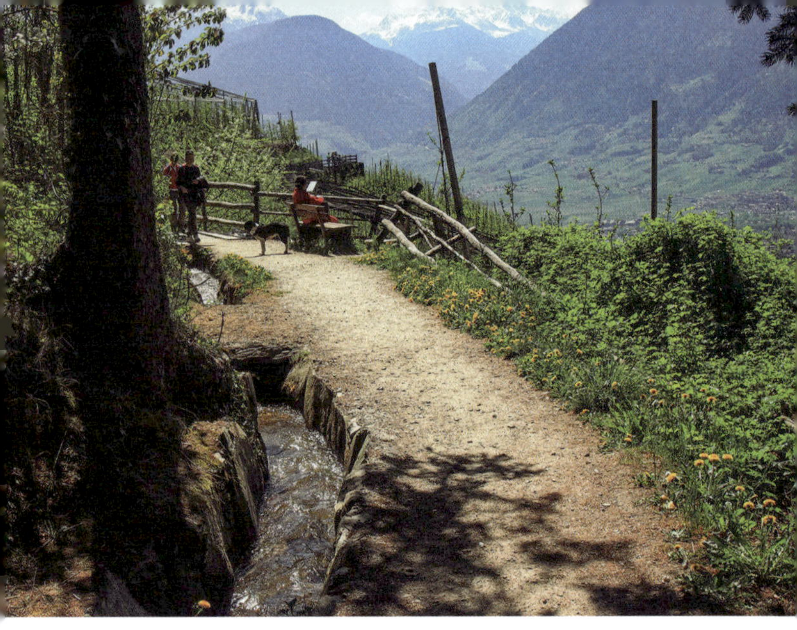

21 Der Schenner Waalweg

Wir sind auf der Sonnenseite des Meraner Beckens unterwegs und verbinden einen Waalweg mit anderen Wegen und Steigen zu einer Rundwanderung über die Hänge oberhalb von Schenna. Das Wasser vom Waal kommt aus der unzugänglichen, felsigen Masulschlucht nördlich des Dorfes. Der ihn begleitende Steig ist einer der meistbegangenen Waalwege im Meraner Raum, aus gutem Grund: Unter uns breitet sich eine wahre Bilderbuchlandschaft aus – Schenna mit seinem Schloss, der weite Talkessel von Meran, gegenüber Dorf Tirol, Obstwiesen, Weinberge und Wälder, umkränzt von hohen Bergen!

Der Rundweg führt uns vom Zentrum von Schenna durch Obstanlagen und kleine Waldstücke bis zur Talstation der Taserseilbahn. Dazu starten wir beim Dorfbrunnen am Rathaus, gehen in die Kupferlochgasse und folgen den Hinweisschildern Nr. 18A („Schenner Waalweg“) am Dorfbach entlang, überqueren die Straße nach Verdins, kommen am Gasthaus Tiefenbrunn vorbei und folgen jetzt bei einer Wegteilung dem Weg Nr. 20 durch Wiesen und Obstanlagen, teilweise stramm bergauf zur Bergstation der Taserseilbahn. Wir haben die Höhe erreicht, hier ist der Einstieg zum Waalweg (ab Dorf ca. 1 Stunde). Das Wasser läuft offen im gemauerten Kanal durch ein Waldstück bis zum Schnuggengraben, einem felsigen

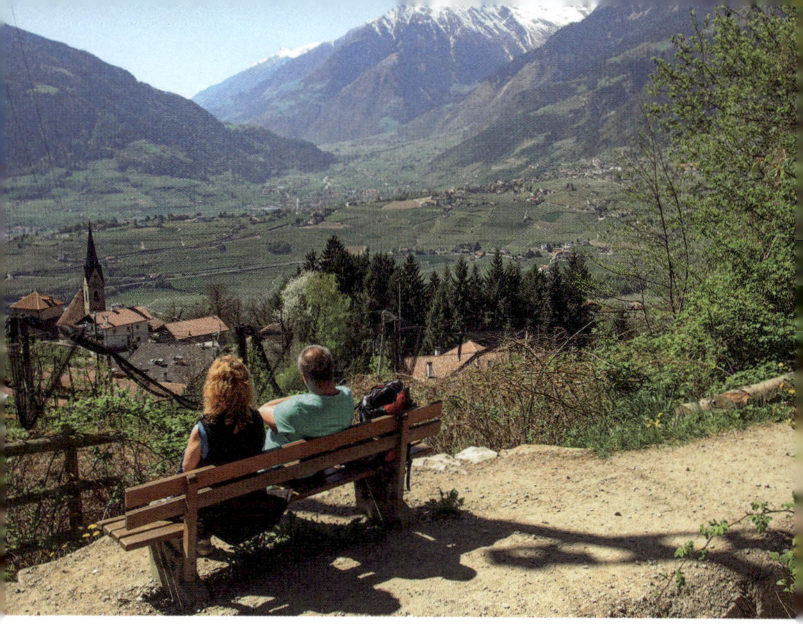

SCHLOSS SCHENNA

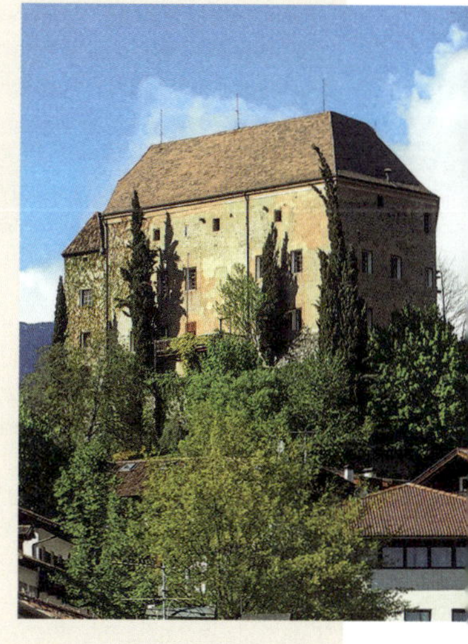

Schenna wird vom stattlichen gleichnamigen Schloss überragt. Mitte des 14. Jh. erbaut, kaufte es Erzherzog Johann von Österreich, ein Spross des Kaiserhauses, im Jahr 1845. Seine Nachkommen, die Grafen von Meran, bewirtschaften den Besitz noch heute. Teile des Schlosses sind als Museum öffentlich zugänglich, zu sehen sind Waffen aus dem 12.–19. Jh., wertvolle Einrichtungsgegenstände sowie eine Sammlung zur Tiroler Geschichte und zu Andreas Hofer. In unmittelbarer Nähe steht ein auffälliges neugotisches Gebäude aus rotem Sandstein, eines der seltenen Gesamtkunstwerke des Historismus in Südtirol. Es ist das Mausoleum des Erzherzogs und seiner Familie.

Infos: Schloss Schenna, Schlossweg 14, Tel. 0473 945669, www.schloss-schenna.com, geöffnet von Ostern bis Allerheiligen, Eintritt nur mit Führung. Sa., So., und Mo. geschlossen.

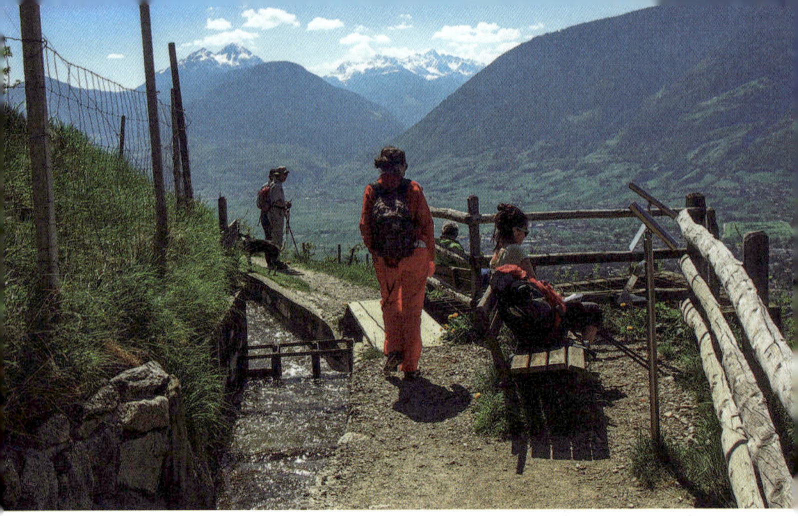

Taleinschnitt, der mit Stiegen überwunden wird, während das Waalwasser daneben durch steile Rinnen schießt. Ein festes Geländer sichert den Wegabschnitt. Der Steig schlängelt sich dann durch dunklen Fichtenwald, tritt immer wieder auf Lichtungen, geht an Feldern und Apfelanlagen entlang und erreicht den Brunjaunhof mit der Jausenstation Café am Waal. Nach der Einkehr auf der Panoramaterrasse gehen wir am Waalweg weiter und zweigen, den Schildern „Meraner Waalrunde" folgend, durch Obstwiesen (Nr. 3 und 18) zum Schloss Gojen ab, das, von altem Baumbestand umgeben, das Hochplateau von Schenna zu bewachen scheint. Auf Asphalt geht es über den Gojenweg (Nr. 15) zur Landesstraße nach Schenna, wir überqueren sie, gehen am Gehsteig wenige Minuten bergab bis zum Einstieg in den Mitterplattweg und wandern der Promenade entlang durch abwechslungsreiche Kulturlandschaft und mit prächtiger Aussicht ins Dorf zum Ausgangspunkt zurück.

EINKEHRTIPPS

Jausenstation Café am Waal: Modernes Ausflugsgasthaus neben dem Brunjaunhof, große Terrasse, einheimische Küche. Pichlerstr. 19, Schenna, Tel. 338 2852984, www.cafeamwaal.it, geöffnet von Ostern bis Anfang Nov., Sa. Ruhetag.

Hotel Restaurant Pichler: Neben der Talstation der Taserseilbahn, ideal am höchsten Punkt der Wanderung gelegen, Terrasse, einheimische Spezialitäten, hausgemachte Kuchen, an Sonn- und Feiertagen Frühschoppen. Pichlerstr. 32, Schenna, Tel. 0473 945614, www.hotelpichler.com, im Winter geschlossen, Di. Ruhetag.

Restaurant und Pizzeria am **Freibad von Schenna**, frei zugänglich, spektakuläre Panoramaterrasse. Sie liegt am Aufstiegsweg. Alte Straße 12, Schenna, Tel. 327 2299690

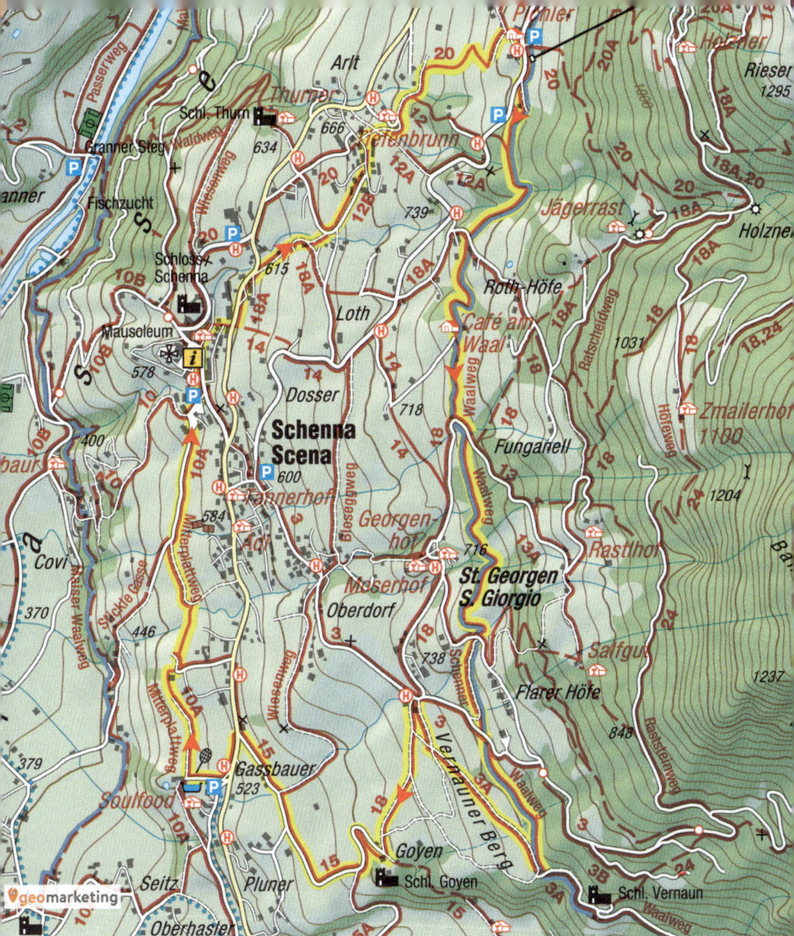

INFOS IN KÜRZE

Rundweg mit starken Eindrücken: Landschaft, der Waalweg, Schenna mit Schloss und Kirchhügel.

Schenna, Dorfzentrum, 570 m

mittel

3 h

320 Hm

9 km

Ideal im Frühling zur Obstblüte und im Herbst bei Weinlese und Obsternte.

Von Meran über die LS 8 für 4,6 km bis Schenna, überdachter gebührenpflichtiger Parkplatz im Zentrum oder hinter dem Gemeindehaus (am So. kostenlos), Buslinie 231 ab Meran.

Starten Sie zeitig, dann ist auf den Wegen nicht so viel los und reservieren Sie den Mittagstisch. Wenn Sie picknicken wollen: Am Weg gibt es viele Bänke zum Rasten und Schauen.

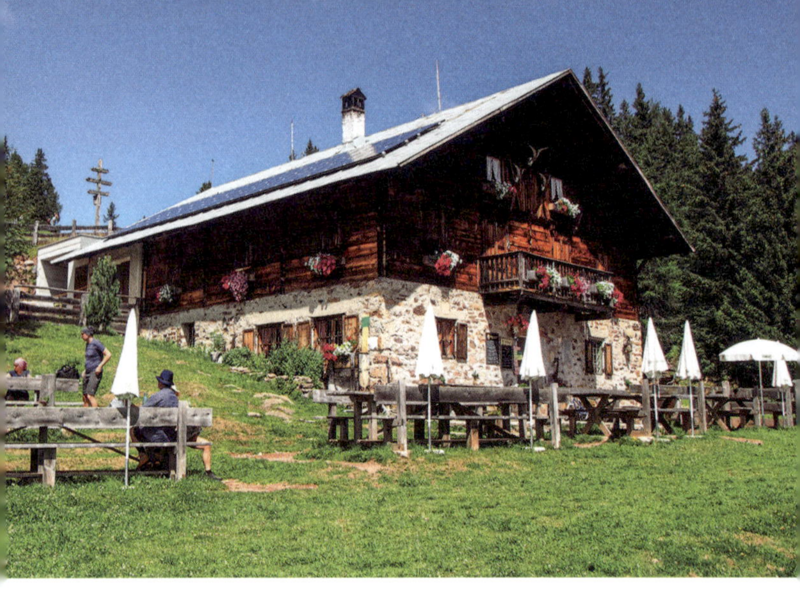

22 Zur Maiser Alm und auf den Spieler

Vom Ski- und Wandergebiet Meran 2000, im Osten von Hafling, läuft ein Höhenrücken sanft nach Süden aus. Bis zur Baumgrenze ziehen sich ausgedehnte Wälder und darüber sanft gewellte Almwiesen hin, auf diesem Kamm reiht sich ein Bergbuckel an den anderen, mehrere Gasthäuser und Almwirtschaften laden zur Einkehr ein. Auf eine der Kuppen, den Spieler mit 2.080 m Höhe, steigen wir hinauf, nicht ohne vorher bei der gemütlichen Maiser Alm eingekehrt zu sein. Die Wege sind gut markiert, die Orientierung einfach – eine ideale Wanderung für Genießer.

Wir beginnen unsere Rundwanderung am Parkplatz Falzeben oberhalb von Hafling, an der Talstation der Umlaufbahn. Am Berghotel „Josef" geht der Weg nach Nordosten ab (Wegweiser „Moschwaldalm, Maiser Alm", Nr. 51). Er führt zuerst eben und dann leicht bergab zu einer Holzbrücke über den Sinichbach, dann leicht bergauf, bald biegen wir scharf rechts ab. Der Weg verengt sich und wird steiler, quert einen felsigen Hang, ist an besonders steilen Stellen sogar mit flachen Stufen und einem Halteseil versehen, im Winter kann es hier sehr glatt sein! Bald liegt auf einem sonnigen Wiesenboden die Moschwaldalm vor uns, eine erste Einkehrmöglichkeit. Weiter geht's durch schütteren Wald in wenigen Minuten zur bewirtschafteten Maiser Alm, die geschützt in einer Wiesenmulde auf

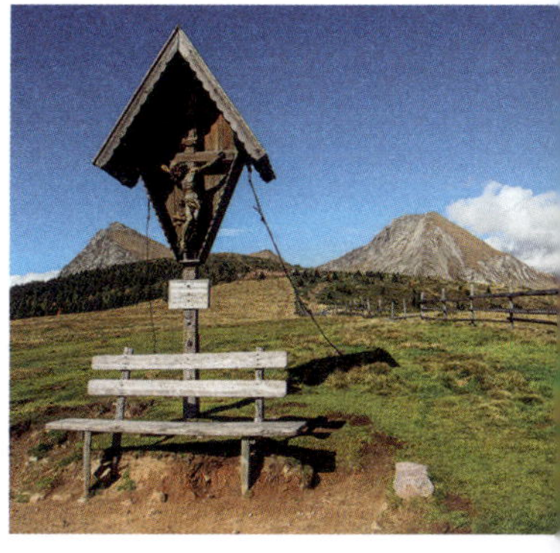

1.850 m liegt. In Kehren (Wegweiser „Kreuzjöchl") geht es anschließend mit wenig Steigung zur Kammhöhe, mit Wegkreuz und Bank. Wir steigen nach Norden über den Kamm bis zur Gipfelkuppe des Spielers mit großem Gipfelkreuz und Sitzbank. Hier genießen wir das tolle Panorama: im Osten die Dolomiten, im Westen die Mendel und die Vinschgauer Berge, im Rücken die Pyramiden von Ifinger und Verdinser Plattenspitze und im Südwesten die Brentagruppe. Nach der Rast zieht es uns bergab zur nahen Meraner Hütte, die am Rande der Skipisten von Meran 2000 liegt. Von der Hütte folgen wir nun auf einem breiten Wiesenweg den Schildern zur Kirchsteiger Alm und von dort weiter (Nr. 14) nach Falzeben. Nach der Rotwand-Hütte des CAI Meran geht es unter dem Gestänge der Schienenrodelbahn Alpin Bob durch, an der viel besuchten Zuegg-Hütte vorbei, und bald danach sind wir wieder am Parkplatz der Talstation der Kabinenbahn angelangt.

EINKEHRTIPPS

Maiser Alm: Meran 2000, Hafling, Tel. 338 1729112, geöffnet von Ende Mai bis Anf. Nov. ohne Ruhetag, im Winter an Sonntagen geschlossen.
Moschwaldalm: Freie Lage auf herrlichen Lärchenwiesen. Locherweg 32, Hafling, Tel. 339 6342587, von Mitte Mai bis Anf. Nov. ohne Ruhetag geöffnet.
Meraner Hütte: Schutzhaus des AVS, Übernachtungsmöglichkeit. Meran 2000, Hafling, Tel. 328 4346659, geöffnet von Dez. bis Ende März und von Mai bis Nov.

DIE MAISER ALM

Die Alm ist im Besitz von Haflinger und Maiser Bauern, die im Sommer ihr Vieh auf die umliegenden Weiden auftreiben. Der Almplatz ist uralt und wird bereits im 15. Jh. erwähnt. Am zweiten Sonntag im August ist auf der Maiser Alm Kirchtag, beim Kreuz oberhalb des Hauses wird eine Feldmesse gelesen, anschließend wird kräftig gefeiert. Nicht immer ging es auf der Alm so friedlich zu, die Chronik weiß von jahrhundertelangen Streitigkeiten mit den Sarner Nachbarn von Öttenbach und Glern um die Weiderechte zu berichten.

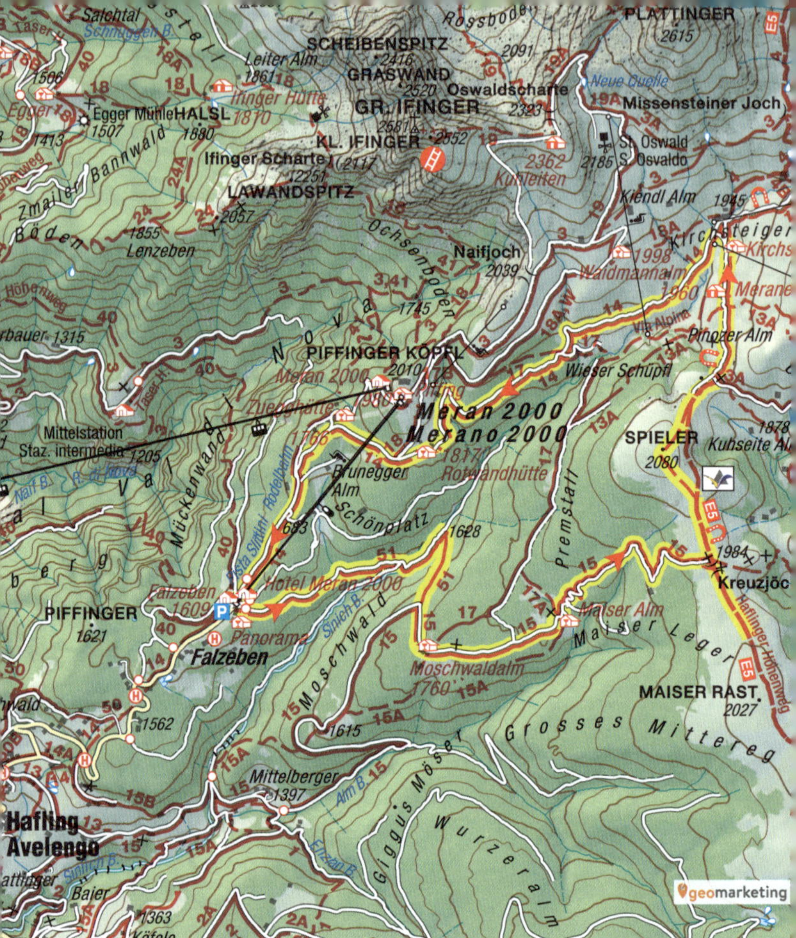

INFOS IN KÜRZE

Herrliche Almenwanderung mit einem leichten Gipfel, viele Einkehrmöglichkeiten.

Dorf Tirol, Ortszentrum, gebührenpflichtiger Parkplatz beim Tourismusbüro, 1.614 m

mittel

4 h

500 Hm im Aufstieg und ebenso viele im Abstieg.

12,2 km

Vom Frühsommer bis in den späten Herbst.

Über Meran, Richtung Schenna, von der Talstation der Naif-Seilbahn 11,5 km auf der LS 98 nach Hafling-Falzeben. Gebührenpflichtiger Parkplatz an der Talstation der Umlaufbahn. Bus Nr. 225 von Meran nach Falzeben.

Auch im Winter als Schneeschuhwanderung ideal, da sicher und ohne Lawinengefahr.

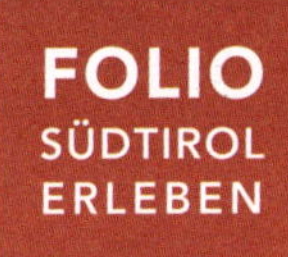

Südtirol verstehen?
Nur mit Folio!

Zwei weitere Bücher aus unserem Programm, die Ihnen augenzwinkernd und humorvoll Insiderwissen über das Land vermitteln.

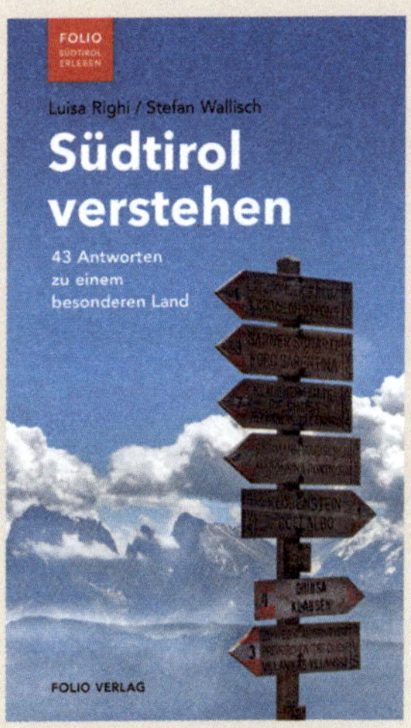

Luisa Righi / Stefan Wallisch
Südtirol verstehen
43 Antworten zu einem besonderen Land
96 S., ISBN 978-3-85256-722-8

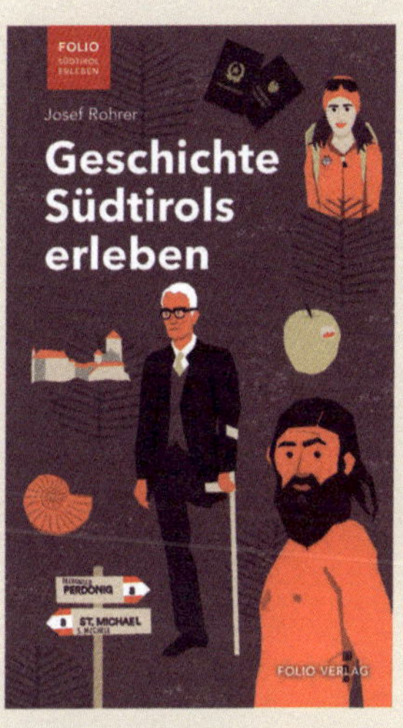

Josef Rohrer
Geschichte Südtirols erleben
108 S., ISBN 978-3-85256-843-0

www.folioverlag.com

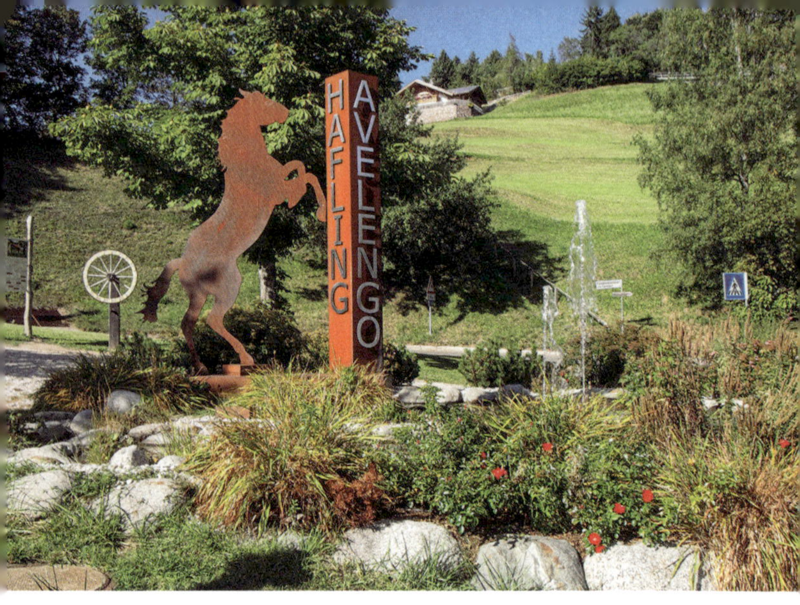

23 Nach Hafling, ins Reich der blonden Pferde

Von Meran aus winkt uns die Kirche von St. Kathrein zu und lockt uns in die Höhe, nach Hafling, das wegen der gutmütigen blonden Pferde weitum bekannt ist. Schön ist der Blick hier oben, ein richtiges Postkartenbild: das stattliche Kirchlein aus braunrotem Sandstein auf einem grünen Hügel inmitten satter Wiesen, tief unten im Tal die Stadt Meran, am Horizont fächert sich ein Kranz mächtiger Berge auf, die höchsten davon auch im Sommer mit weißem Firn. Hier erwarten uns ein kunsthistorischer Leckerbissen, eine gute Einkehr und ein gemütlicher, familienfreundlicher Spazierweg, der zum Teil über den Haflinger-Erlebnisweg verläuft.

Wir starten beim Gasthof Sulfner, am westlichen Dorfrand. Zwischen dem Reitstall und dem Hotel folgen wir den Wegweisern über ein Asphaltsträßchen bergauf, nach wenigen Gehminuten wird daraus ein breiter Forstweg. Wir sind keine zehn Minuten unterwegs, da führt uns bei einer Wegteilung die Markierung 50A zum Sulfnersee, der beileibe kein See ist, sondern ein halb verlandeter, romantischer Waldweiher, in dem im Sommer weiße Seerosen blühen. An dessen Nordende, bei einer kleinen Holzbrücke, verläuft der Weg nun eben nordwärts in den Wald, der hier ungewöhnlich dicht mit satt-grünem Moos bedeckt ist. Bei einer Kreuzung halten wir

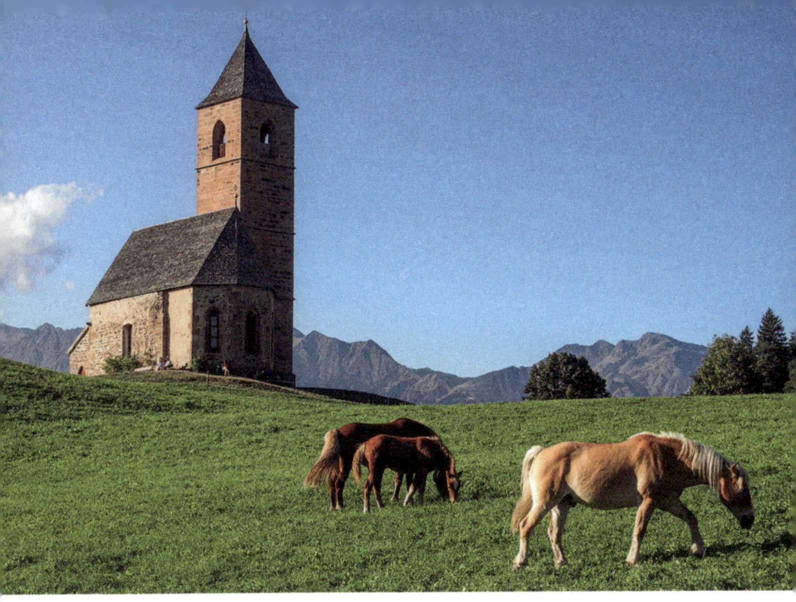

uns rechts, es geht bergab (Wegweiser „Falzeben“) auf eine Hotelsiedlung zu. Zwischen Sportplatz und Hotel Viktoria wandern wir auf der Straße nach Falzeben und folgen dieser auf dem Gehsteig für fünf Minuten bergab, bis wir auf den Haflinger-Erlebnisweg mit dem großen Pferdestandbild stoßen. Wir gehen auf diesem Themenweg, wo wir an unterhaltsamen und informativen Stationen zum Haflingerpferd vorbeikommen, nach links bis zum Sinichbach, wandern zum Wasserfall und auf einem Waldsteig bergauf. Oberhalb des Wasserfalles lenken uns die Schilder in Richtung Hafling, über

DER HAFLINGER

Seinen Namen hat das stämmige, gutmütige Pferd mit der blonden Mähne vom Dorf Hafling. Als noch keine Straßenverbindung von Meran herauf bestand, übernahmen die blonden, flinken und geländetauglichen Pferde den Zubringerdienst für die Touristen, sie wurden ganz einfach „Haflinger“ genannt. Doch die Geschichte der modernen Haflinger-Pferderasse beginnt im Vinschgau, als 1874 in Schluderns der Ur-Haflinger zur Welt kam – als Fohlen einer Landstute und eines Arabers. Einst als Tragtier und Arbeitspferd eingesetzt, ist er heute ein Freizeitpferd, fuchsfarbig mit weißblonder Mähne, hervorragendem Charakter, ruhigem Temperament und guten Reiteigenschaften. Die Rassebezeichnung „Haflinger“ wurde von den k. u. k.-Behörden 1898 genehmigt. Ausführliche Informationen gibt es am Haflinger-Erlebnisweg.

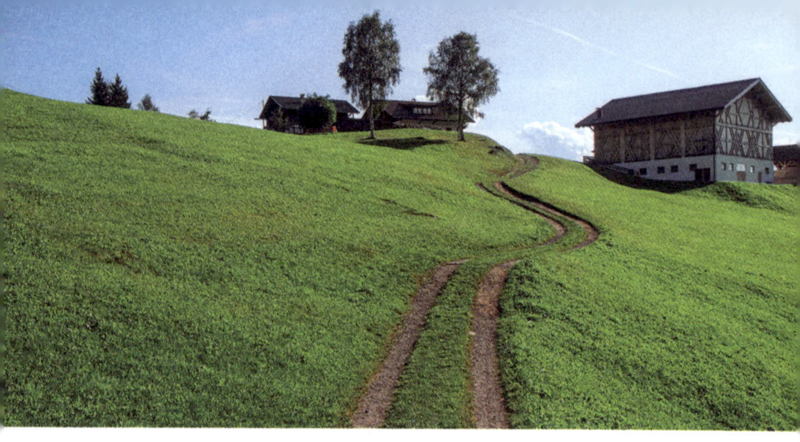

Wiesen mit prächtiger Aussicht erreichen wir das Dorf. Hier bringt uns ein Fußweg im Zick-Zack zur Brücke, die in kühnem Schwung die Schlucht des Sinichbaches quert. Auf dem Gehsteig gehen wir bis zur Tankstelle und der Kreuzung mit dem Haflinger-Erlebnisweg, der uns zum Ausgangspunkt beim Katharina-Kirchlein und dem Hotel Sulfner zurückbringt.

EINKEHRTIPPS

Hotel Sulfner: Komfortables Hotel und Ausflugsgasthaus, schöne Terrasse, gute Küche und Kuchen. St.-Kathrein-Str. 4, Hafling, Tel. 0473 279424, www.hotel-sulfner.com, kein Ruhetag.
Café Pizzeria am Platzl: Am Weg, bei der Kreuzung mit dem Haflingerweg, neben dem Tourismusbüro, modern, hell, Terrasse, Wintergarten. Kuchen, Snacks, Pizza ab 17 Uhr. St.-Kathrein-Str. 2b, Hafling, Tel. 320 6314245, www.pizzeria-platzl.it, Mo. Ruhetag.

ST. KATHREIN IN DER SCHARTE

Die Höhenkirche St. Kathrein in der Scharte wurde bereits 1251 geweiht. Die Kirche ist geöffnet, im Kirchenraum, durch ein Gitter abgetrennt, zeigt sich eine wertvolle Ausstattung: Im Chor steht der gotische Flügelaltar mit der zentralen Statue der hl. Katharina, flankiert von der hl. Maria Magdalena (rechts) und Johannes dem Täufer (links), die Flügel zeigen St. Georg, den Drachentöter und den hl. Martin, der den Mantel teilt. Am Triumphbogen sind zwei Statuen angebracht, links der hl. Florian und rechts der Pestpatron Rochus. Wegen des Radmartyriums wurde Katharina von den Fuhrleuten verehrt. Die Fresken im Vorraum des Kirchleins zeigen Szenen aus dem Leben der Heiligen und waren von der steilen Straße, die von Meran heraufkam und an der Kirche vorbeiführte, gut sichtbar.

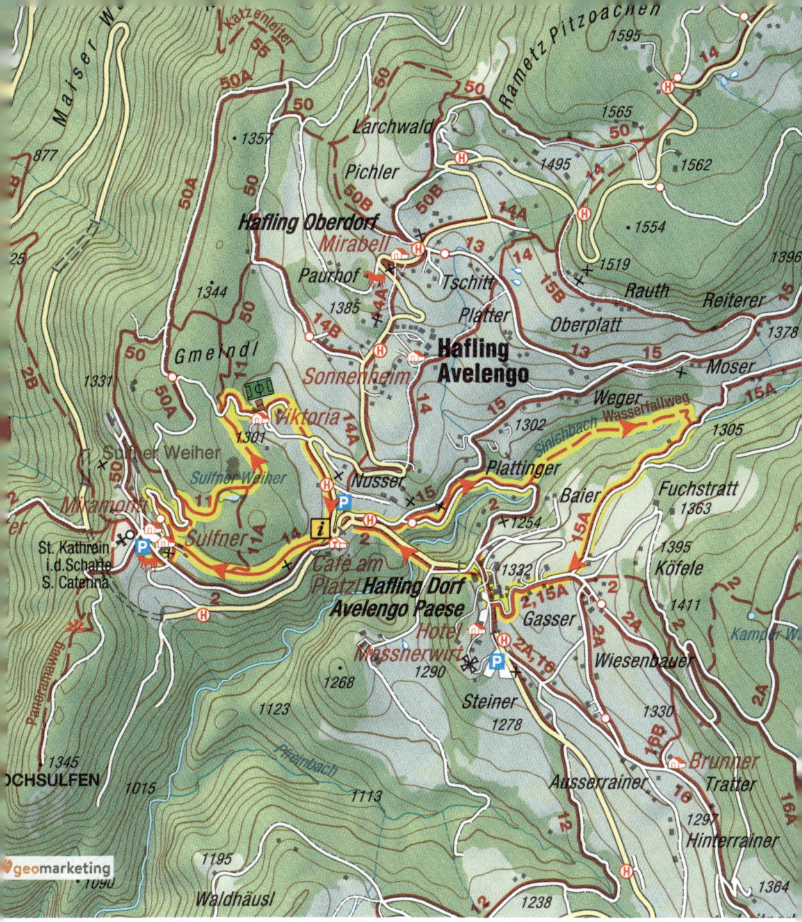

INFOS IN KÜRZE

Sehr abwechslungsreicher Rundweg mit vielen Höhepunkten.

Hafling, Katharinakirche, 1.240 m

mittel

2 h

200 Hm

6 km

Wegen der Höhenlage ideale Sommer- und Herbstwanderung.

Über Meran, Richtung Schenna, von der Talstation der Naif-Seilbahn 6,1 km breite Bergstraße Richtung Hafling, nach einem Tunnel, bei einer Bushaltestelle, den Schildern folgend links abbiegen, nach 200 m liegt die Kirche, daneben das Hotel Sulfner mit Gästeparkplatz.

Etwas von allem: Wald, Teich, Wiesen, ein Bach mit Spielmöglichkeit für Kinder, Pferdenarren erfreuen sich am Haflinger-Erlebnisweg und den Pferden beim Reiterhof Sulfner, Kunstsinnige an der Katharinakirche.

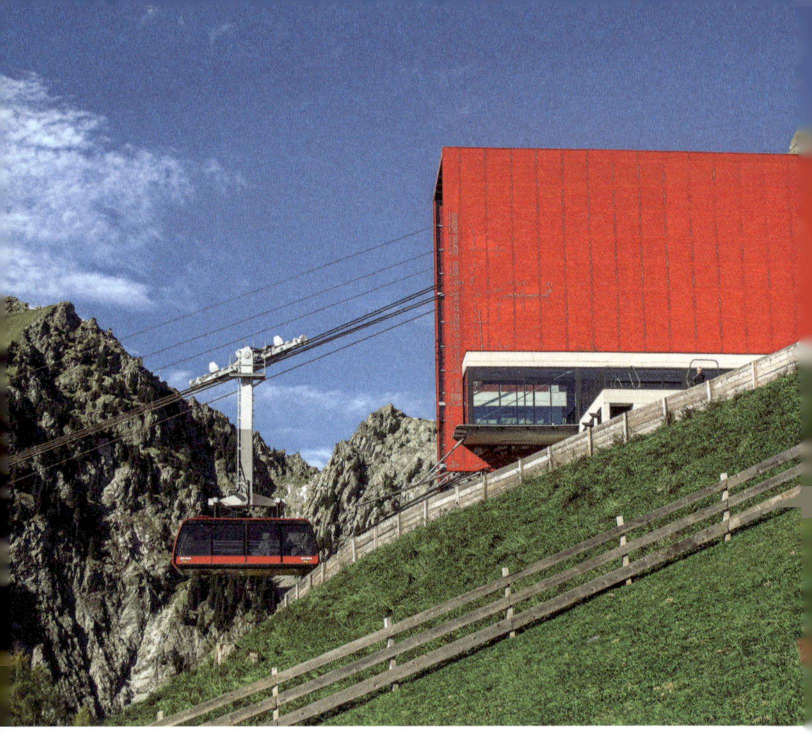

24 Von Meran 2000 zum Kratzberger See

Im Osten des Meraner Beckens thront dominierend der imposante Ifinger. Zu seinen Füßen liegt das sonnige Hochplateau mit dem Dorf Hafling und dem Wander- und Skigebiet von Meran 2000. Lärchenwälder und ausgedehnte Wiesen und Almen bestimmen die Landschaft, die vom Stadtrand aus bequem mit einer modernen und leistungsfähigen Pendelseilbahn oder über eine Panoramastraße zu erreichen ist. Unsere Wanderung startet an der Bergstation und führt uns auf einem leichten Höhenweg über einen Sattel zu einem reizenden Bergsee im benachbarten Sarntal.

Die Bergstation Piffing der Seilbahn Naif-Meran 2000 (dort endet auch die Umlaufbahn von Falzeben) ist der Ausgangspunkt unserer Wanderung. Der mit Nr. 3 beschilderte breite Weg führt leicht bergauf, unterhalb des Ifingers in nordöstliche Richtung und geht über Almen, die treffend „Kuhleiten" heißen. Oberhalb der bewirtschafteten Waidmannalm wandern wir über die zum Teil stark erodierten Südhänge der Verdinser Plattenspitze, queren mehrere

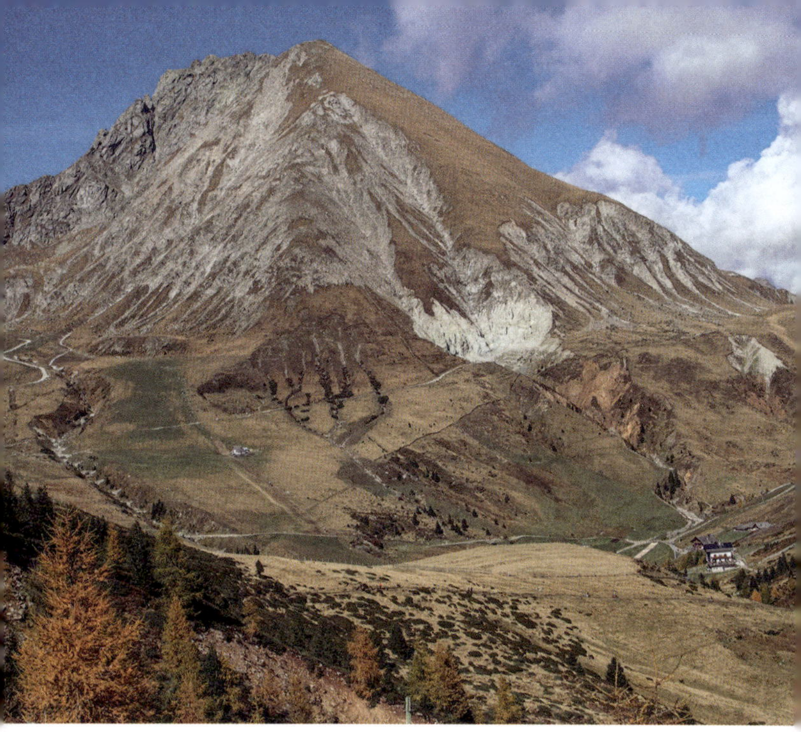

Bachgräben und gelangen zum Missensteiner Joch (2.126 m), einem flachen Sattel, der den Übergang ins benachbarte Sarntal markiert. Waren bisher die fernen Berge im Westen im Blick, öffnet sich nun die Sicht übers Sagbachtal zu den Sarner Alpen und den Dolomiten. Weiter geht es auf dem Weg Nr. 4, wir sind jetzt auf dem E5, einem Fernwanderweg, der vom Bodensee zur Adria verläuft. Als schmaler Steig verläuft er durch felsiges und abschüssiges Gelände, auch wenn der Steig erst kürzlich ausgebaut und ein kurzer Abschnitt mit Seilen gesichert wurde, sind Trittsicherheit und Aufmerksamkeit gefordert. Nach einem Geländevorsprung stehen wir nun unmittel-

DAS KREUZ AM MISSENSTEINER JOCH

Zur Erinnerung an gefallene Kriegskameraden wurde 1969 vom Kameradenkreis Südtirol ehemaliger Gebirgstruppen aus Granitquadern ein Sockel mit einer Gedenktafel und darüber ein Holzkreuz errichtet: „Kann dir die Hand nicht geben, bleib du im ewigen Leben, mein guter Kamerad …“ Es kann als Mahnung für den Frieden in Europa gelesen werden: Noch nie gab es eine so lange Friedensperiode, es lohnt sich, daran zu glauben und zu arbeiten!

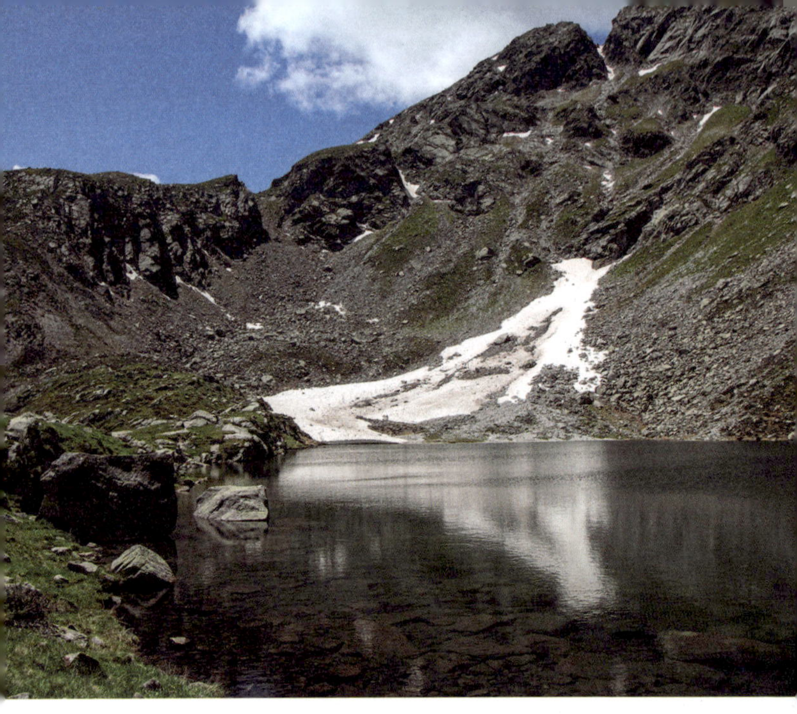

bar am Ufer des Kratzberger Sees (2.121 m). Nach ausgiebiger Rast am Ufer geht der Rückweg über den Aufstiegsweg bis zum Missensteiner Joch, dort steigen wir kurz zur Kirchsteiger Alm (Weg Nr. 4) ab und kehren von dort auf Weg Nr. 18A nach Piffing zurück.

EINKEHRTIPPS

Waidmannalm: Typische Hüttengerichte, große Panoramaterrasse. Piffingerweg 30, Hafling, Tel. 0473 279461, geöffnet ab Mitte Dez. bis Ende März und Mai bis Anf. Nov.
Kirchsteiger Alm: Zita Unterholzner verwöhnt die Gäste mit Südtiroler Küche und hausgemachten Süßspeisen und Torten. Piffingerweg 41, Hafling, Tel. 320 3311286, www.kirchsteigeralm.com, geöffnet ab Mitte Dez. bis Ende März und von Mai bis Anf. Nov.
Panorama Bistro Meran 2000: Bistro mit Sonnenterrasse an der Bergstation der Seilbahn, im Freien großes Spielgelände („Luckis Kinderland"). Naiftalstr. 37, Meran 2000, Tel. 346 0995390, geöffnet ab Mitte Dez. bis Ende März und von Mai bis Anf. Nov.
Berggasthof Piffinger Köpfl: Großes und rustikales Haus, direkt an der Bergstation der Bergbahn Meran 2000 und der Umlaufbahn Falzeben. Piffingerweg 16, Hafling, Tel. 0473 279610, www.piffinger-koepfl.com, geöffnet ab Mitte Dez. bis Ende März und von Mai bis Anf. Nov.

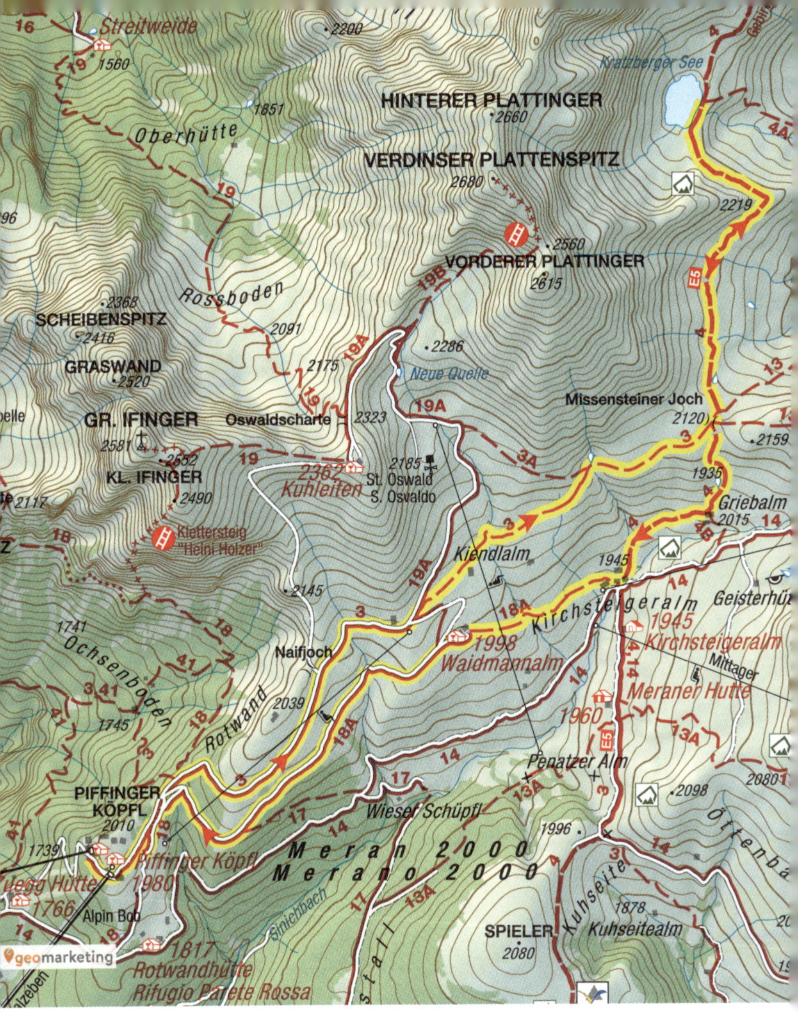

INFOS IN KÜRZE

Almenwanderung zu einem herrlich gelegenen Bergsee.

Bergstation Seilbahn Naif-Meran 2000 oder Umlaufbahn Falzeben-Piffing, 2.028 m

Mittel, wenig Steigung aber kurze, ausgesetzte Steigpassagen.

1 h 45 min (Hinweg)

240 Hm

5,3 km (Hinweg)

Ende Mai (je nach Schneelage) bis Anf. Nov.

Über Meran, Richtung Schenna bis zur Talstation der Naif-Seilbahn mit Parkplatz. Bus (Nr.225) ab Meran.

Die Wege um die Bergstation sind viel begangen, ab der Waidmannalm aber wird es ruhiger.

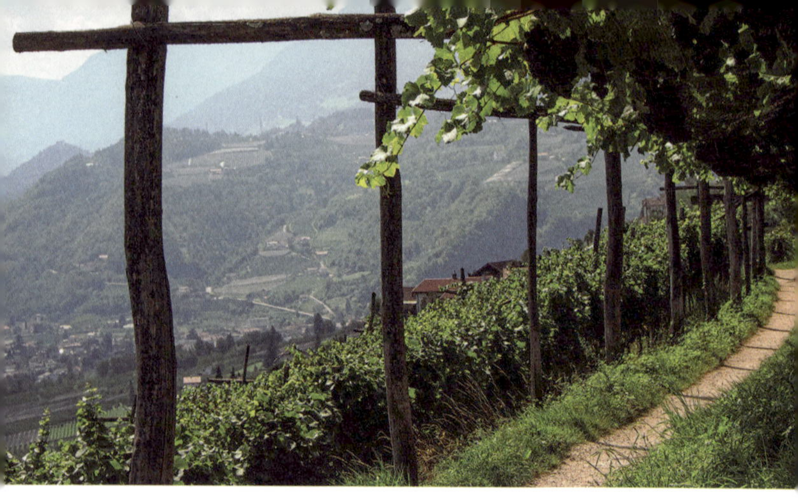

25 Der Marlinger Waalweg

Mit knapp 12 Kilometern Länge ist der Marlinger Waalweg der längste seiner Art in Südtirol. Bei der Töll, einer Geländestufe, wird bereits seit Jahrhunderten das Wasser der Etsch für den Marlinger Waal entnommen. Der Weg beginnt an der Etschbrücke bei der Töll in der Gemeinde Partschins und verläuft nahezu eben durch Wälder, Obst- und Weingärten oberhalb der Dörfer Forst, Marling und Tscherms und endet in Lana. Zwischen Kastanienhainen und weitläufigen Reben- und Obstanlagen hindurch begeistern die grandiosen Ausblicke auf das Meraner Becken. Mehr über die Waalwege auf Seite 7.

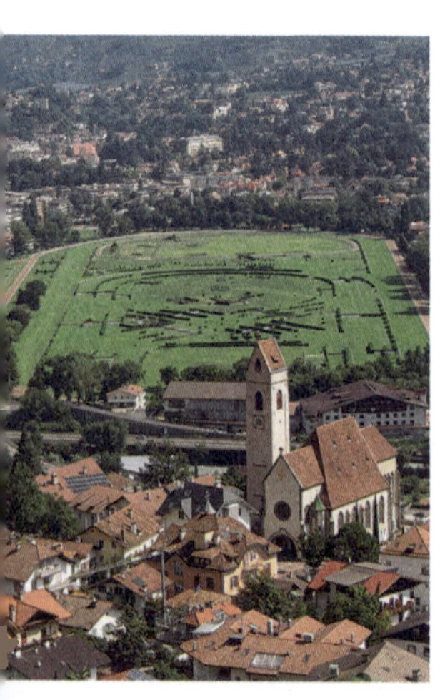

Wegweiser zeigen den Fußweg an, der bei der Stauwehr, neben einem Würstchenkiosk, die Straßenbegrenzungsmauer überquert und in den Laubwald eintaucht. Seit dem Bau des E-Werks verläuft der erste Teil des Wasserkanals unterirdisch, die alten gemauerten, trockenen und überwucherten Rinnen des alten Waales sind noch sichtbar. Gleich geht es ein bisschen abenteuerlich über Holzbrücken an den Felswänden des Nörderberges entlang, manchmal muss man den Kopf einziehen, so niedrig führt der Steig unter Felsvorsprüngen hindurch. Aber keine Angst, stabile Geländer sichern den Weg! Nach wenigen Minuten Gehzeit strömt das Wasser aus dem Felsen in die Kanalrinne und fließt teils durch dicke Rohre unter oder

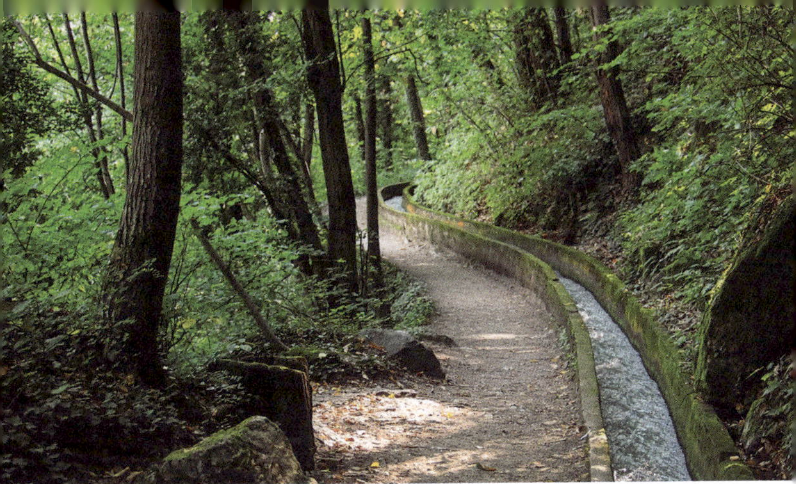

neben dem Weg, erst wenn dieser in die Wiesen und Obstfelder eintritt, läuft das Wasser offen in einem gemauerten Kanal neben der Trasse. Nach der Passage durch die gut gesicherten Felswände weitet sich der Blick über die liebliche Landschaft und die von einem Kranz von Dörfern umgebene Stadt Meran, die von den Bergspitzen des Ifinger und des Hirzer überragt wird. Wir kommen zum Dörfchen Marling, das dem Weg seinen Namen gibt. Hier wurde ein Teil der Route zum Wandererlebnispfad ausgebaut: An Stationen erfährt man Interessantes und Neues rund um den Wald, über die Entstehung des Waales und seine Instandhaltung durch die Kanalarbeiter, die „Waaler". Die Landschaft wird offener, immer mehr Obst- und Weingärten lösen den Wald ab, oberhalb des Weges liegt die prächtige Burg Lebenberg, unterhalb breiten sich auf grünen Moränenhügeln schöne Weinhöfe aus, Zypressen vermitteln mediterranes Flair. Kurz oberhalb der Marktgemeinde Lana ist das Ende des Waalwegs erreicht,

ZUR GESCHICHTE DES MARLINGER WAALS

Die Entstehung dieses Waals ist gut dokumentiert: Die Mönche des Kartäuserklosters Allerengelberg in Schnals erwarben im 18. Jh. einen großen Weinhof bei Marling und entschlossen sich, einen Bewässerungskanal zu bauen. Sie besaßen darin große Erfahrung, denn sie hatten im engen und felsigen Schnalstal mehrere dieser Waale zur Bewässerung ihrer Güter im Vinschgau gebaut. Der Marlinger Waal wurde in den Jahren 1737 bis 1756 mit großem finanziellen und technischen Aufwand errichtet, aber die Ausgaben haben sich gelohnt: Er ist immer noch in Betrieb und wird zur Bewässerung der Felder genutzt, der Begleitsteig ist einer der beliebtesten Wanderwege im Meraner Raum.

auf einer Höfezufahrt steigen wir in wenigen Minuten zur Hauptstraße und der Bushaltestelle ab, von der wir mit dem Bus wieder nach Meran oder zum Ausgangspunkt an der Töll zurückgelangen.

EINKEHRTIPPS

Am Weg und in unmittelbarer Nähe finden sich viele Einkehrmöglichkeiten, die kaum Wünsche offenlassen: von bescheiden rustikal bis raffiniert, meist mit prächtiger Aussichtsterrasse. Eine Auswahl:
Gasthaus Schönblick, Südtiroler Gerichte, Strudel, Kuchen, Sonnenterrasse. St.-Felix-Weg 32, Marling, Tel. 328 2122953, Ostern bis Ende Oktober geöffnet, Sa. Ruhetag.
Gasthof Waldschenke, St.-Felix-Weg 11, Marling, Tel. 0473 447015
Gasthaus Waalheim, Bergerstraße 8, Marling, Tel. 0473 447252
Restaurant Leitenschenke, Leitenweg 9, Tscherms, Tel. 333 8563472
Buschenschank Oberbrunn, Raffeingasse 7, Lana, Tel. 0473 564252
An Selbstbedienungsstationen werden Obst und Säfte angeboten.

SCHLOSS LEBENBERG

Das gut erhaltene und noch heute bewohnte Schloss Lebenberg stammt aus dem 13. Jh., die Herren von Lebenberg waren Ministeriale der Grafen von Tirol, nach dem Tod des letzten Lebenbergers gelangte die Burg an die Herren Fuchs von Fuchsberg, die es großzügig erweiterten. Nach mehrmaligem Besitzerwechsel gehört das Schloss heute der Familie van Rossem und ist zwischen April und Oktober im Rahmen von Führungen öffentlich zugänglich. Info unter Tel. 320 4018511.

INFOS IN KÜRZE

Lange, aber sehr lohnende Wanderung. Viele Einkehrmöglichkeiten am Weg.

Bei der Töll-Brücke an der Staatsstraße, an der E-Werk-Staustufe. 502 m

mittel, weil lang

3 h 30 min

Keine nennenswerte Steigung, 190 Hm im Abstieg

10,8 km

Zur Obstbaumblüte Ende April oder im Spätsommer und Herbst zur Erntezeit oder im Spätherbst mit der schönen Laubfärbung von Wald und Weinbergen.

Mit dem PKW zur Töll-Brücke an der Vinschgauer Staatsstraße, dort Parkplätze. Bus Nr. Linie 213 ab Meran. Oder Anfahrt mit der Bahn: Unweit von der Töll-Brücke befindet sich der Bahnhof der Vinschger Bahn.

Viel begangen, deshalb früh am Morgen oder auch am späten Nachmittag starten, um dem Andrang auf dem schmalen Weg auszuweichen.

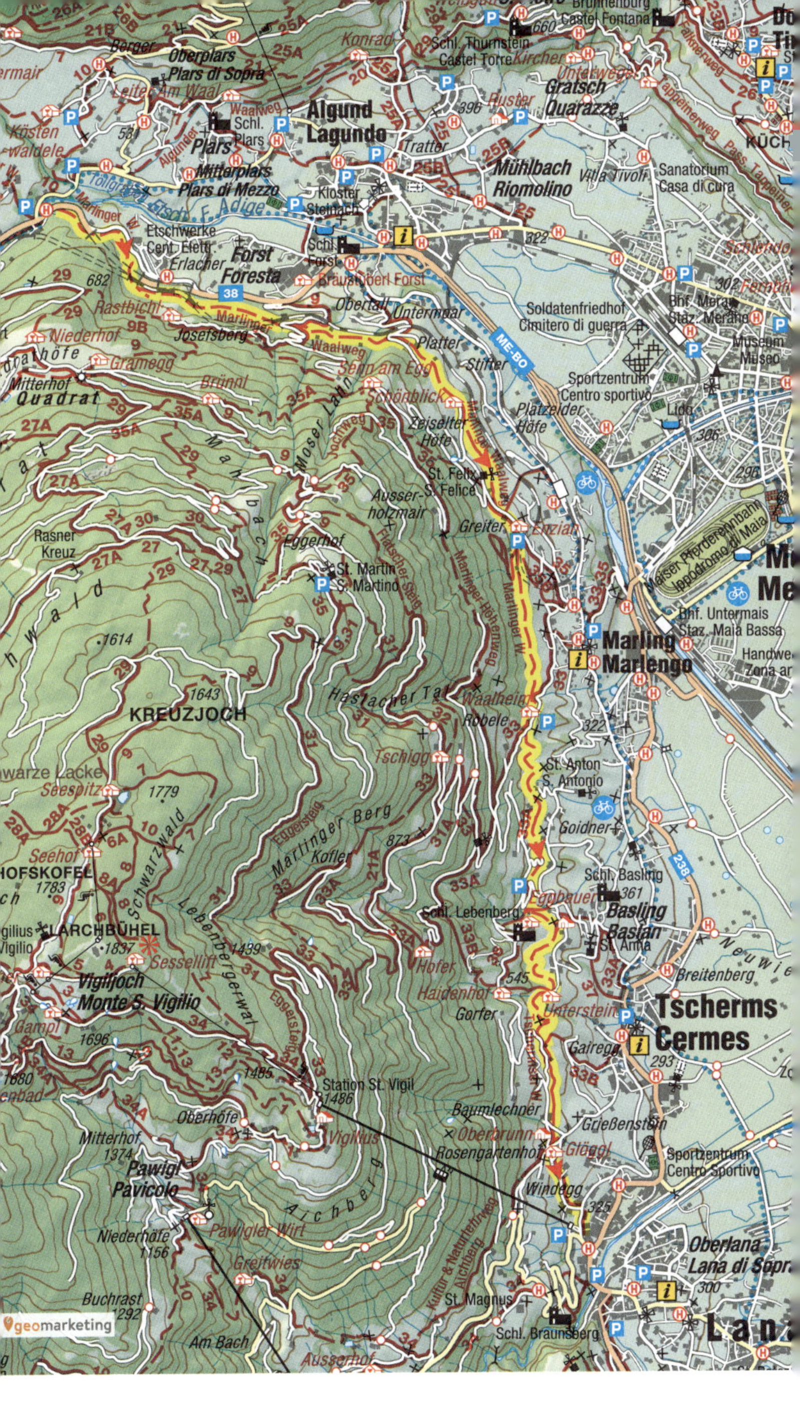
Algund
Lagundo
Plars
Mitterplars
Plars di Mezzo
Oberplars
Plars di Sopra
Forst
Foresta
Mühlbach
Riomolino
Gratsch
Quarazze
Marling
Marlengo
Tscherms
Cermes
Basling
Baslan
Oberlana
Lana di Sopra
KREUZJOCH
Vigiljoch
Monte S. Vigilio
Pawigl
Pavicolo
Marlinger Berg
Station St. Vigil
St. Felix
S. Felice
St. Martin
S. Martino
St. Anton
S. Antonio
Schl. Lebenberg
Schl. Braunsberg
Sanatorium
Casa di cura
Soldatenfriedhof
Cimitero di guerra
Sportzentrum
Centro sportivo
Maiser Pferderennbahn
Ippodromo di Maia
Bhf. Meran
Staz. Merano
Bhf. Untermais
Staz. Maia Bassa
Marlinger Waalweg
geomarketing

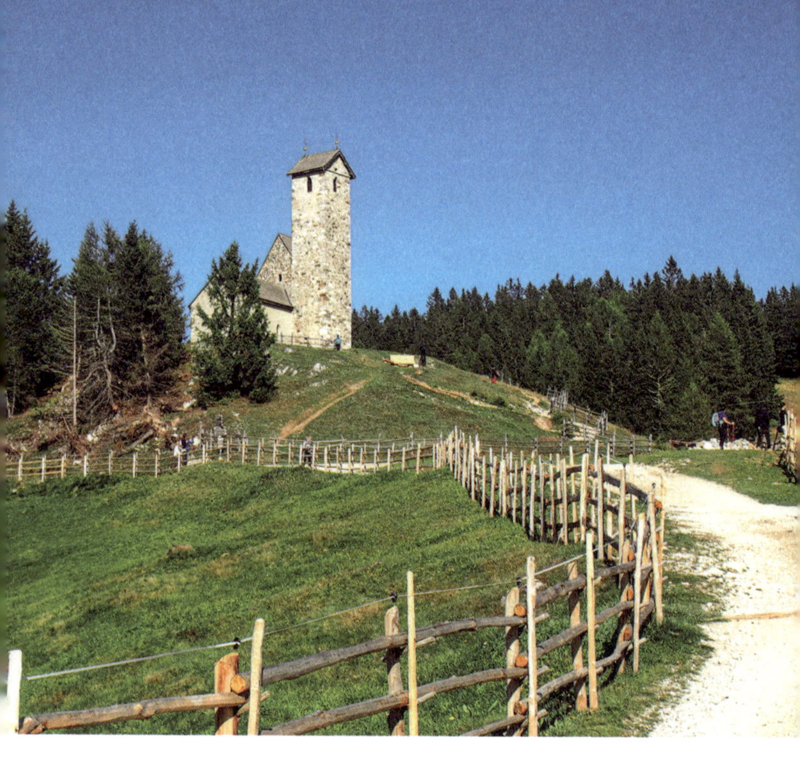

26 Zur Schwarzen Lacke am Vigiljoch

Das Vigiljoch ist eine einzigartige, autofreie Berglandschaft mit zauberhaften Lärchenwäldern und weiten Almwiesen. Das Gebiet umfasst den Ausläufer des Bergkammes, der von den Gletschern der Ortlergruppe zum Meraner Becken hin abfällt und den unteren Vinschgau vom Ultental trennt. Von den vielen Wanderwegen am Vigiljoch wählen wir jenen, der von der Südseite aus, von der Bergstation der Vigiljochseilbahn ausgehend, den Berg umrundet.

An der Bergstation der Seilbahn, auf 1.489 m, unmittelbar beim Hotel vigilius mountain resort, beginnt der Wanderweg Nr. 34. Er zieht sich im ersten Teil unterhalb des Sesselliftes in leichter Steigung durch Lärchen- und Fichtenwälder bis zum Joch, dem Übergang in den Vinschgau hin. Über einen Wiesenweg geht es jetzt zur höchsten Stelle mit dem Vigilius-Kirchlein auf 1.750 m Höhe (bis hierher eine knappe Stunde Gehzeit). Die Fernsicht ist grandios und geht von den Vinschger Bergen bis zu den Dolomiten. Beinahe eben führt der Wanderweg Nr. 9 weiter zum Gasthaus Seespitz am

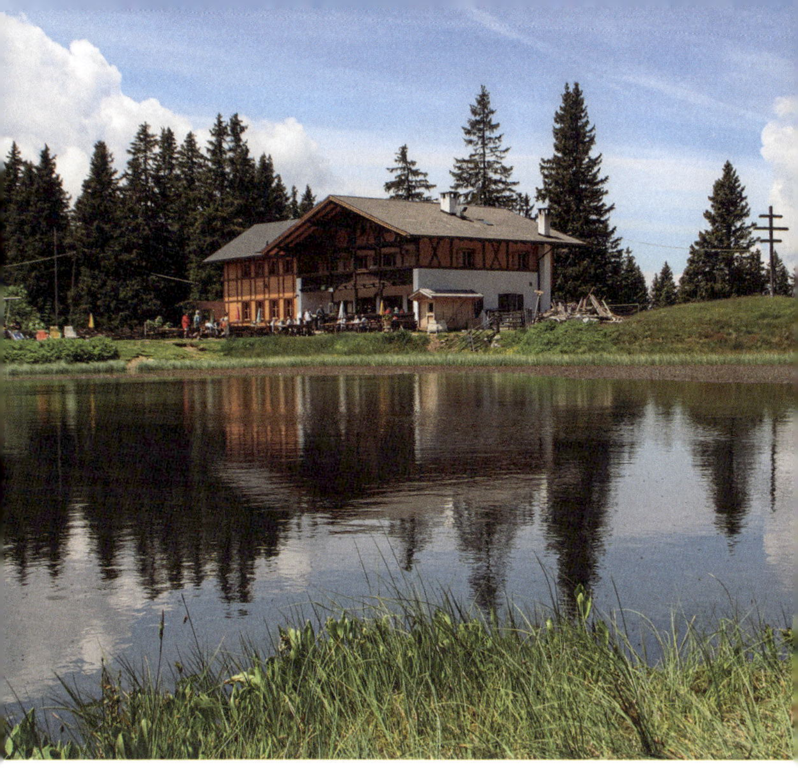

Ufer des kleinen, moorigen, dunklen Waldsees, der „Schwarzen Lacke". Der weiterführende Waldweg Nr. 7 umrundet den Weiher und den bewaldeten Buckel „Hohe Tann" und quert dann als Steig mit einigen recht schmalen Stellen die abschüssigen Südosthänge des Berges. Der Blick auf Meran und die gegenüberliegenden Gipfel von

DAS VIGILJOCH, DER HAUSBERG DER MERANER

Die Meraner haben den mächtigen Bergrücken als Sommerfrische- und Wandergebiet liebgewonnen. Das Vigiljoch war eines der ersten Skigebiete Südtirols, die älteren Semester erinnern sich sicherlich noch gut daran, wie sie hier erstmals auf Skiern standen und die Stemmbögen übten. Wenige, über das Gebiet verstreute und zum Teil im Wald versteckte Ferienhäuschen geben dem Vigiljoch einen Hauch von „Zauberberg". Heute, in einer Zeit der stetig wachsenden Umweltprobleme, ist das autofreie Vigiljoch für viele auch zum Synonym für eine intakte Natur geworden, die es mit gehörigem Engagement zu erhalten gilt. Starke Impulse hierzu setzte der Besitzer der Seilbahn und des Luxushotels.

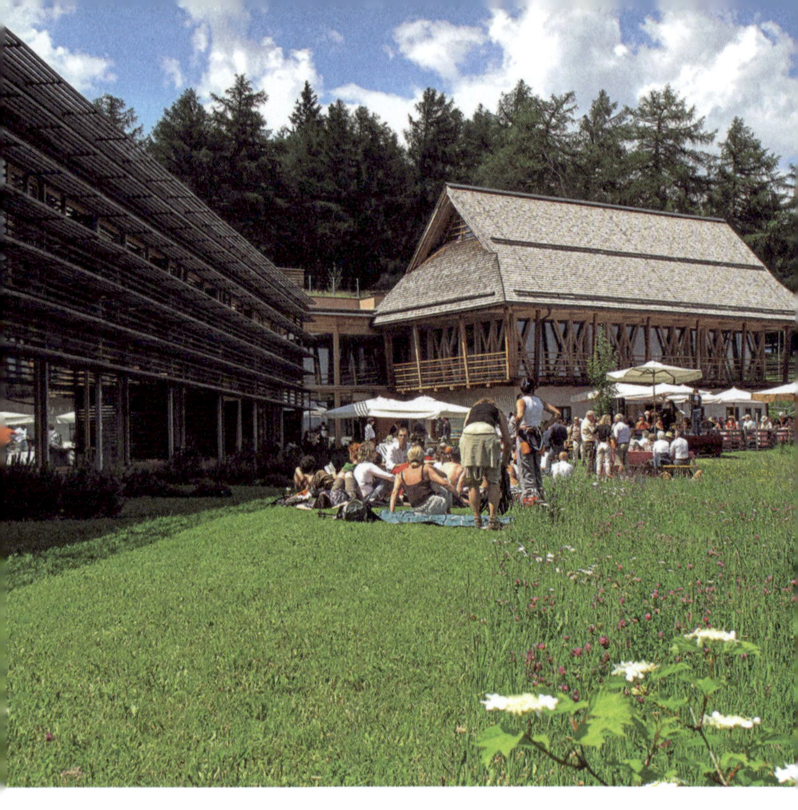

Ifinger und Hirzer ist prächtig, nicht ohne Grund heißt dieser Abschnitt „Panoramaweg". Sobald sich die Route wieder mit dem Aufstiegsweg verbindet, ist die Bergstation der Bahn nicht mehr weit, der Rundweg schließt sich.

EINKEHRTIPPS

Ida Stube im vigilius mountain resort: Im exklusiven Berghotel direkt neben der Bergstation der Seilbahn wurde eigens für Passanten ein gemütliches Berggasthaus eingerichtet, Sonnenterrasse. Vigiljoch 43, Lana, Tel. 0473 556600, www.vigilius.it, kein Ruhetag.
Familienalm Gampl: Mit Sandkiste, Schaukeln, Wippen, Rutsche und Trampolin sowie einer Relaxzone für Eltern ganz auf Familien mit Kindern eingestellt. Vigiljoch, Lana, Tel. 0473 562014 oder 338 622 6987, www.familyparadies.com, von Mitte Mai bis Allerheiligen geöffnet, kein Ruhetag.
Gasthaus Seespitz: Der rustikale Holzbau liegt am idyllischen kleinen Bergsee der „Schwarzen Lacke", große Terrasse, gemütliche Stube. Vigiljoch 13, Marling, Tel. 0473 562955, geöffnet von Ostern bis Anf. Nov., Weihnachten bis Anf. März, Mo. Ruhetag.

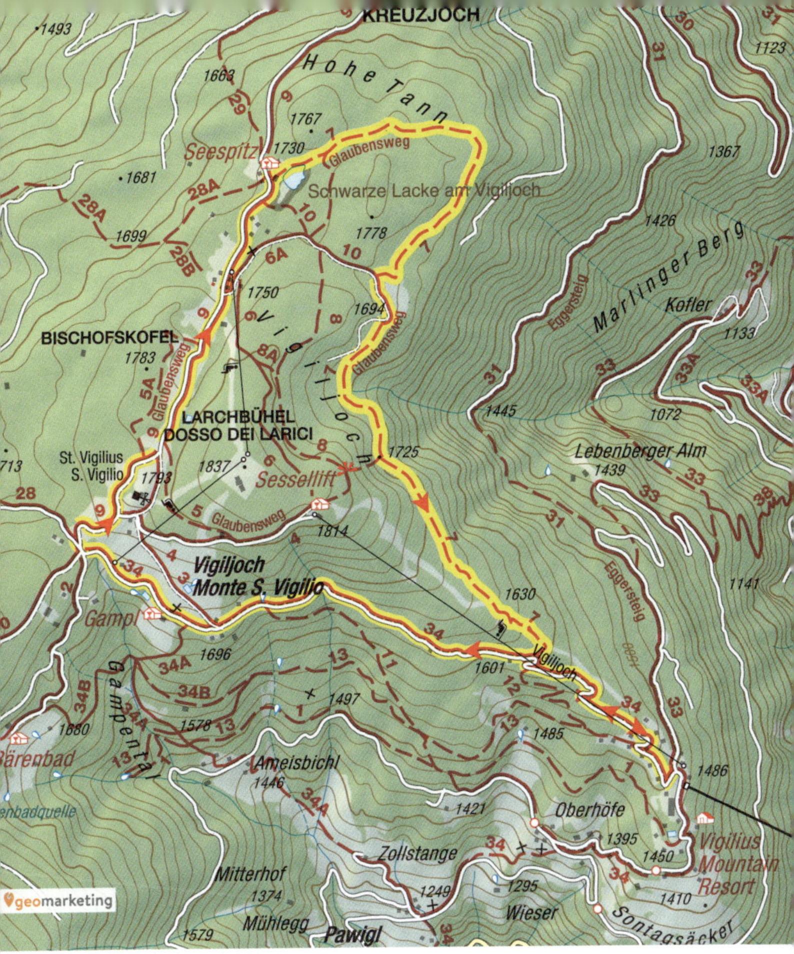

INFOS IN KÜRZE

Angenehme Wanderung, bei der sich viele Schönheiten entdecken lassen: Wald, Wiesen, ein Teich nette Wirtshäuser, das kunsthistorisch interessante Höhenkirchlein, inklusive toller Aussicht und einer Seilbahnfahrt.

An der Bergstation der Seilbahn, 1.498 m

mittel

2 h 30 min

295 Hm im Aufstieg

8 km

Wegen der Höhenlage oberhalb der 1.500er-Grenze ideale Sommer- und Herbstwanderung.

Mit dem PKW zur Talstation der Seilbahn Vigiljoch am nördlichen Ortsrand von Lana (Beginn der Straße ins Ultental), dort Parkplätze. Bus Nr. Linie 211 ab Meran.

Im Herbst besonders stimmungsvoll, wenn sich die Lärchen gelb-orange färben.

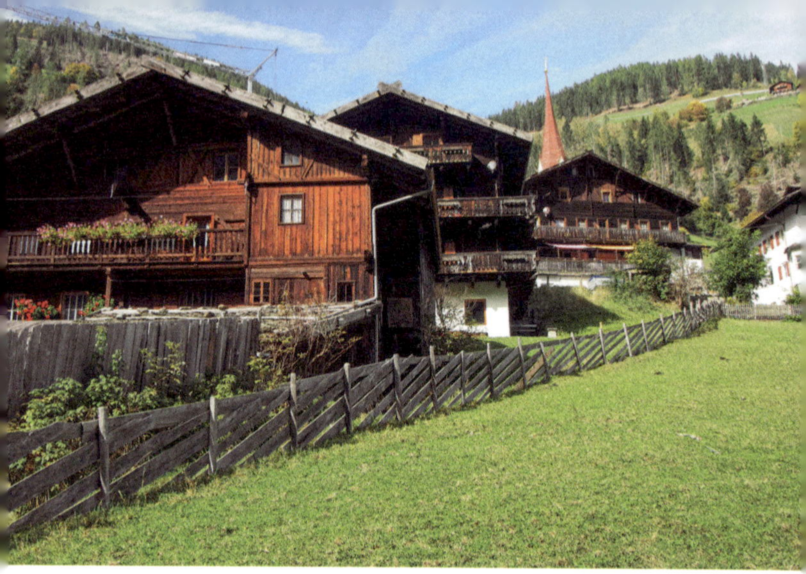

27 Auf dem Ultner Höfeweg

Südlich von Meran mündet bei Lana das Ultental, von den hohen Bergen des östlichen Ortlers kommend, ins Etschtal. Die Falschauer entspringt am Weißbrunner Ferner und durcheilt als munterer Bach alle Vegetationszonen, vom Gletscher bis zu den Weingärten in Lana. Das einsame und ursprüngliche Hochtal ist trotz seiner Nähe zu Meran noch ein echter Geheimtipp. Im hinteren Abschnitt umrundet der Höfeweg das Tal. Auf einer Teilstrecke davon sind wir unterwegs, erleben dabei die besondere Holzarchitektur der Häuser und gewinnen aus nächster Nähe einen Eindruck vom Bauernleben auf den steilen Bergflanken.

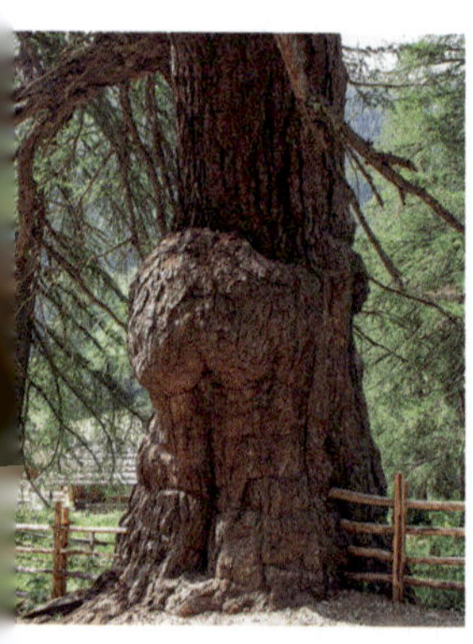

Der ganze Talweg wäre 18 km lang, wir entscheiden uns deshalb für eine verkürzte Variante und starten dazu im Dorf St. Nikolaus. Wir gehen die Straße in Richtung Kirche und Talmuseum bergauf, halten uns bei den Wegweisern links, der Markierung „Höfeweg" folgend. Ein schöner Waldweg quert nach einem Anstieg die Bergflanke. Bei den Gasteig-Höfen und den dazugehörigen Wiesen tritt der Steig aus dem Wald, wir stoßen auf eine breite Höfezufahrt, der wir nun folgen. Der Weg schlängelt sich mal breit, mal eng und etwas steiler um mehrere Bergrippen herum. St. Gertraud ist in

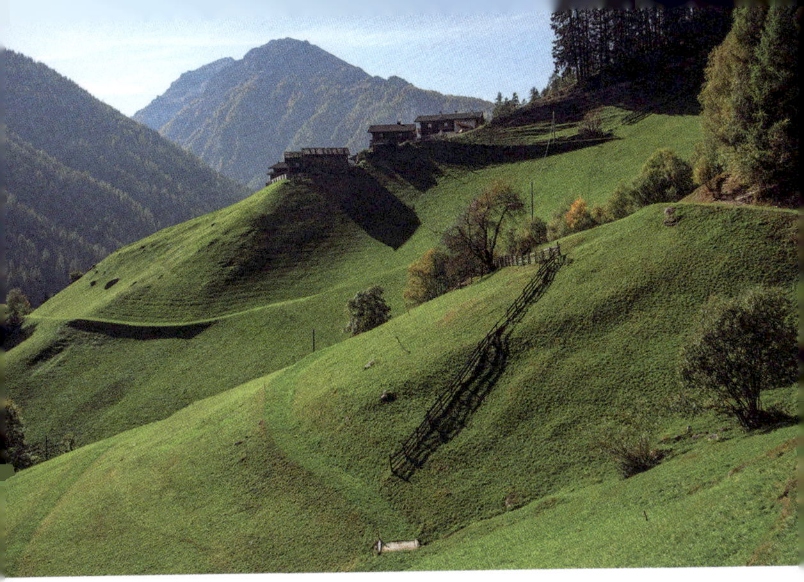

Sichtweite, nun senkt sich der Wiesenweg zur Talstraße mit dem Buswendeplatz, dem Naturparkzentrum Lahnersäge und dem Gasthaus Edelweiß ab. Nach kurzer Rast machen wir uns auf den Rückweg, dieses Mal auf der etwas schattigeren rechten Talflanke. Unser Zwischenziel sind die drei beeindruckenden Urlärchen, die als Naturdenkmal ausgewiesen sind. Der Umfang der stattlichsten Lärche misst ca. 8 m. Alle drei haben ihren Wipfel durch Sturm oder Blitzschlag eingebüßt. Der Weg geht nun, teils als Steig, teils als Forstweg, durch Wald und an Lichtungen vorbei auf St. Nikolaus zu, wir queren schlussendlich den Falschauerbach und sind wieder am Startpunkt angekommen.

NATURPARKZENTRUM LAHNERSÄGE

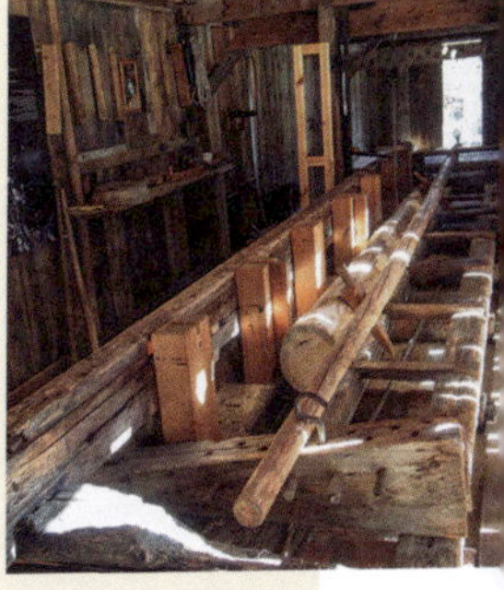

Das Ultenal liegt im Südosten des Ortlergebietes, der Talschluss gehört zum Nationalpark Stilfser Joch. In den hölzernen Gebäuden der Lahnersäge wurde ein Informationszentrum des Nationalparks eingerichtet, hier steht die Waldnutzung im Mittelpunkt. Im Sommer gibt es regelmäßige Vorführungen der wasserbetriebenen historischen Säge. St. Gertraud 62, Ulten, Tel. 0473 798123, www.stelviopark.bz.it, geöffnet von Jan.–März und Mai–Okt. Di.–Sa. 9.30–12.30 und 14.30–17.30 Uhr, Juli und Aug. auch So.-Nachmittag.

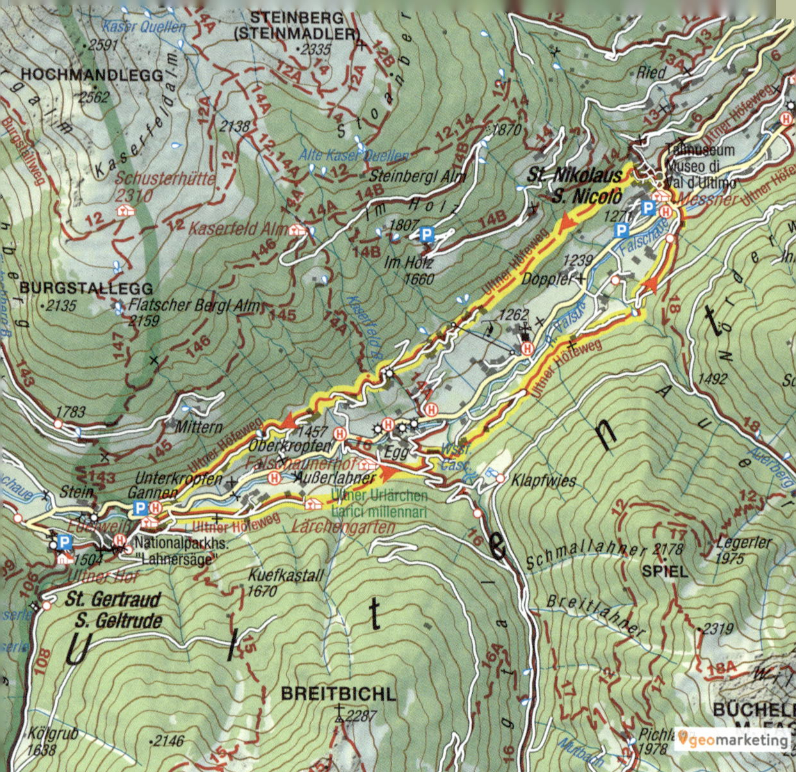

EINKEHRTIPPS

Gasthaus Edelweiß: Am Ende der breiten Talstraße, direkt am Naturparkhaus, in der Mitte unserer Wanderung, typisches, gemütliches und uriges Holzblockhaus, Hausmannskost. St. Gertrud 58, Ulten, Tel. 0473 798114, Mi. Ruhetag.
Gasthaus Mesner: Pasta, einheimische Gerichte von Leber bis *Muas* sowie weitere Schmankerln. St. Nikolaus 103, Ulten, Tel. 338 7185358, Mo. Ruhetag.

INFOS IN KÜRZE

Die Wanderung vermittelt einen starken Eindruck vom Bauernleben am Steilhang.

St. Nikolaus, 1.230 m

mittel

3 h 30 min

310 Hm

10,4 km

Frühling bis Herbst

Von Lana auf der LS 238 für 28 km ins Ultental bis nach St. Nikolaus. Parkplätze am Beginn des Dorfes.

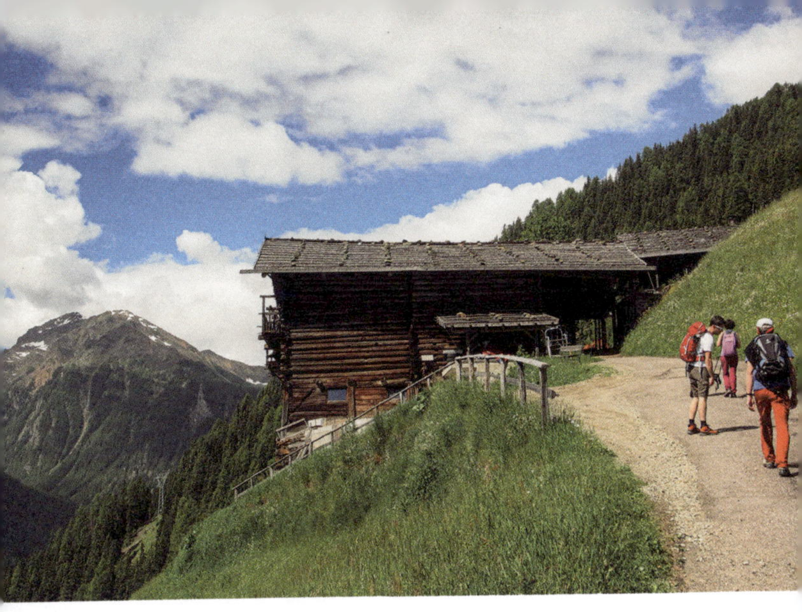

28 Zur Kaserfeldalm in Ulten

Das Ultental ist – obwohl keine 30 km vom Tourismusmagneten Meran entfernt – eine Oase der Ruhe, in der sich noch viel der ursprünglichen Bergbauernwelt erhalten hat. Die schmucken Dörfer liegen größtenteils im Talboden und sind allesamt nach Heiligen benannt: St. Pankraz, St. Walburg, St. Nikolaus und St. Gertraud. An der Baumgrenze finden sich noch viele Almen, die im Sommer bewirtschaftet werden. Zu einer, der Kaserfeldalm auf der Sonnenseite des Tales, zwischen St. Nikolaus und St. Gertraud gelegen, machen wir einen einfachen Ausflug.

Wir starten oberhalb von St. Nikolaus, beim Holzerhof, am Ende der asphaltierten Höfezufahrt. Schon weisen uns die Schilder „Kaserfeldalm“ den Weg. Nach wenigen Minuten zweigt links vom Forstweg in einer Kehre ein Steig (Nr. 14B) ab, der zügig durch Fichten- und später Lärchenwald bergauf geht. Nach einer knappen Stunde sind wir an einem Almboden angelangt, wo eine Gruppe von schindelgedeckten Hütten steht, es ist beinahe ein kleines Almdorf. Das schönste an der Alm sind sicher die ursprüngliche und einfache Atmosphäre sowie die Ruhe und die Landschaft rundherum. Der Rückweg ist etwas länger, aber weniger steil, es geht über einen angenehmen Forstweg, der bald nach Süden schwenkt, leicht bergauf führt und sich nach einer langen Hangquerung zum Holzerhof absenkt und uns so zum Ausgangspunkt zurückbringt.

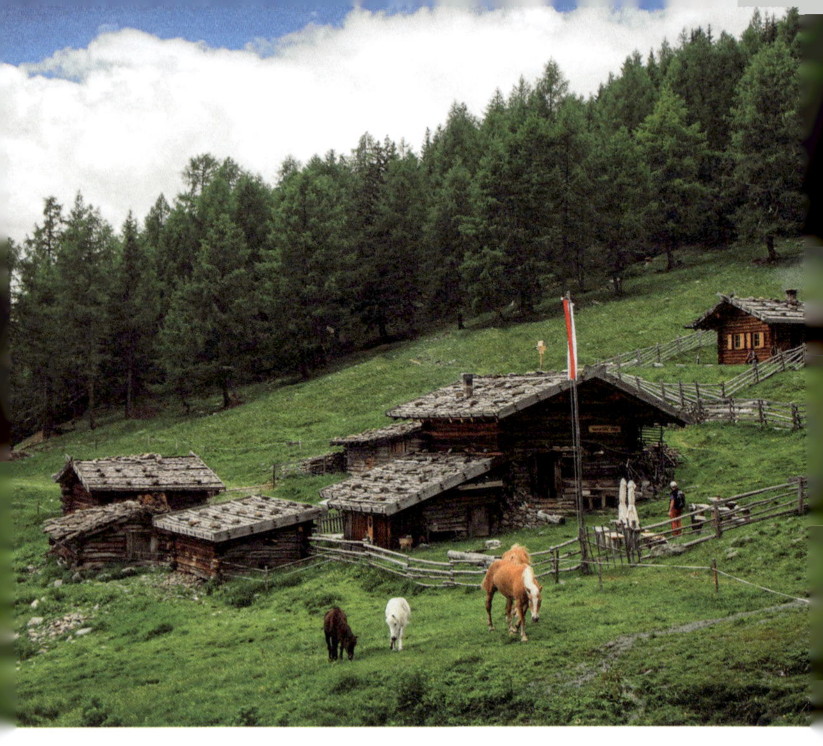

Eine andere, etwas längere Zustiegsmöglichkeit gibt es von der Lahnersäge, dem Naturparkhaus bei St. Gertrud (Bushaltestelle), aus. Über die Flatschhöfe (Wegweiser Nr. 143), geht der Weg über 560 Höhenmeter in 1 Stunde und 50 Minuten zur Alm, für den Rückweg kann eine Variante über den steilen Steig 14A genommen werden, er stößt auf den Ultner Höfeweg, der taleinwärts wieder zur Lahnersäge führt, somit ergibt sich ein Rundweg.

DIE MACHT DER ALMGEISTER

Es wird erzählt, dass die Alm vor Jahrhunderten auf einer etwas höher gelegenen Geländestufe lag, der Ort heißt heute noch „Alte Kaser". Dort sollen Geister ihr Unwesen getrieben haben, sodass ein Arbeiten unmöglich erschien. Auch der Dekan, der gerufen wurde, um die Geister zu vertreiben, konnte nicht helfen, so groß war der Fluch, der auf der Alm lag. Er konnte keinen anderen Rat geben, als den, die Alm zu verlassen und sie auf einem neuen Platz zu erbauen, was auch geschah. Bei der Alten Kaser erinnern noch spärliche Mauerreste an den einstigen Standort.

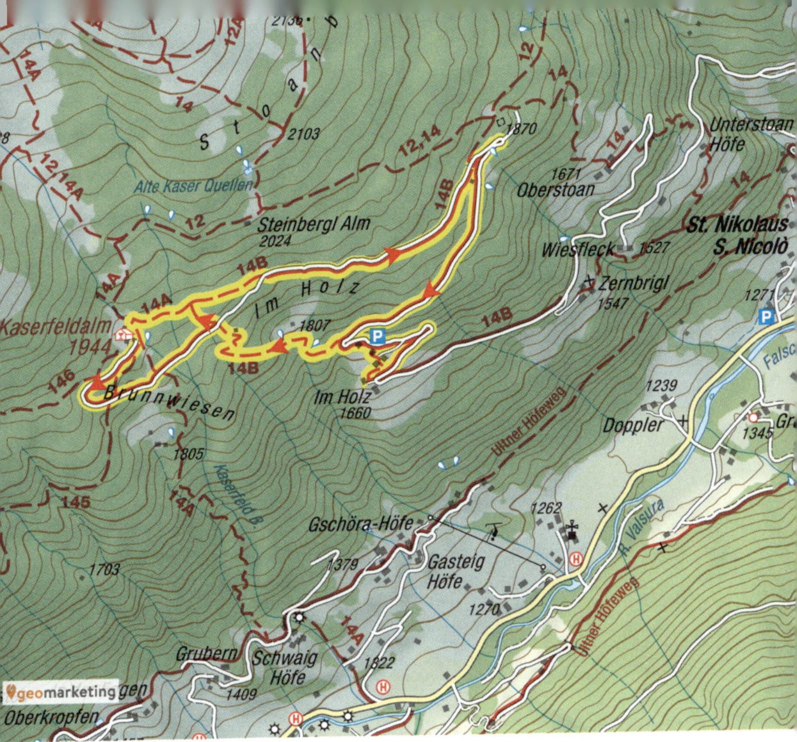

EINKEHRTIPP

Kaserfeldalm: Am schönsten ist es im Freien an den rustikalen Tischen und Bänken, es gibt viel Selbstgemachtes, darunter die Kaminwurzen, originelle und schmackhafte Kräuteromelettes, Kuchen und Säfte. St. Nikolaus, Tel. 328 0490191, geöffnet von Anf. Juni bis Mitte Okt.

INFOS IN KÜRZE

Leichte Almenwanderung zu einem magischen Ort.

Ulten, Holzerhof, oberhalb von St. Nikolaus, an der Höfezufahrt, 1.660 m

leicht

2 h 10 min

345 Hm

5,6 km

Vom Frühsommer bis in den Spätherbst.

Von St. Nikolaus in Ulten auf der Bergstraße Richtung St. Moritz bis zur 2. Linkskehre, hier nach links abbiegen (Wegweiser zum Unterstoan-Hof), auf schmaler, asphaltierter Straße eben etwa 3 km bis zum Ende fahren, einige Parkplätze.

Zustieg auch vom Naturparkhaus Lahnersäge bei St. Gertraud möglich.

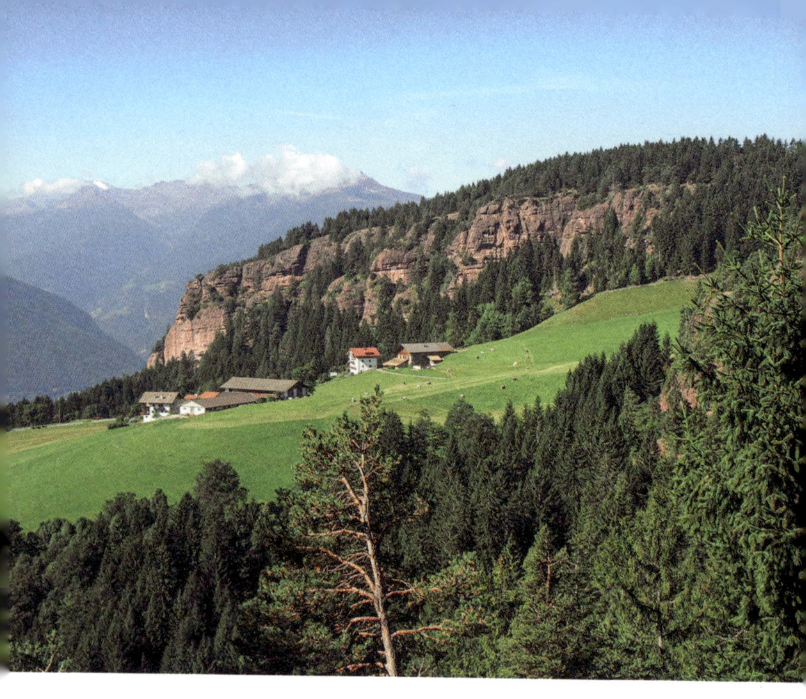

29 Von Vöran zum Knottnkino

Vom Etschtal flankiert, läuft von den Meraner Bergen ein sonniges Hochplateau als wellige Wiesen-, Wald- und Almlandschaft nach Süden aus. An seinem Westhang liegt etwa in der Mitte, zwischen Hafling im Norden und Mölten im Süden, das Dorf Vöran. Oberhalb des Dorfes wölbt sich ein markanter braunroter Felsbuckel, der Roatstoan, auf. Zu diesem einzigartigen Naturdenkmal mit außergewöhnlichem Rundblick führt eine leichte Rundwanderung.

Wir starten an der Bergstation der Seilbahn (1.180 m), im Vorraum liegt eine kostenlose Wanderkarte zum Mitnehmen auf, vor dem Haus orientieren wir uns an der großen Panoramatafel und folgen den Wegweisern „Grüner Baum, Nr. 16" bergauf zur Landesstraße. Wir überqueren sie, gehen am Hotel Oberwirt vorbei und gelangen, teils auf Wald- und Wiesenwegen, zum Gasthaus Grüner Baum und dem Café Stübele. Nun schlängelt sich ein Waldsteig promenadenartig durch hellen Föhrenwald, es tun sich immer wieder herrliche Ausblicke über die Wiesen- und Waldlandschaft von Vöran, das Etschtal und die gegenüberliegenden Berge auf. Die Trasse wurde von den Schützen von Vöran errichtet, auch eine

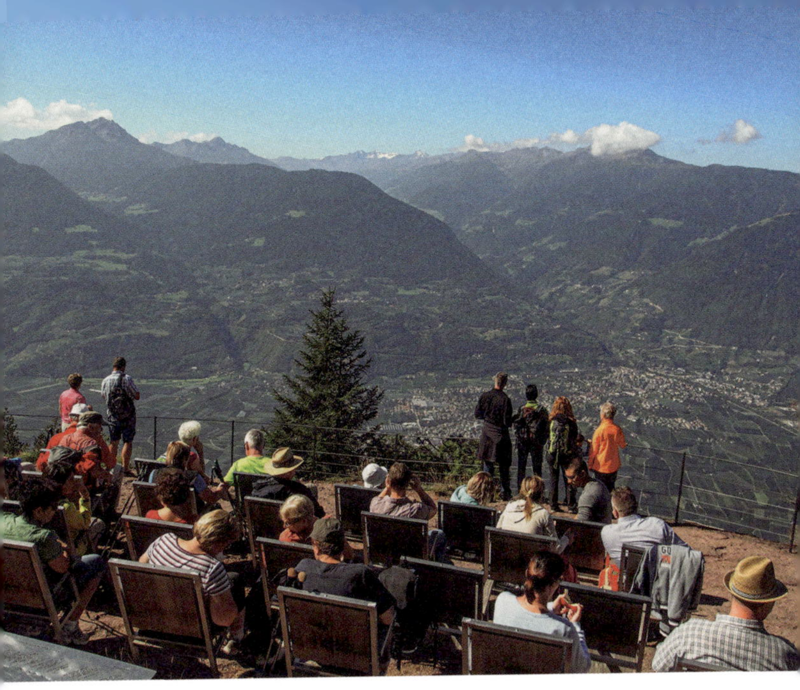

Quelle, das „Brünnl“, liegt am Weg, deshalb der Name „Schützenbrünnlweg“. Auf einer freien Anhöhe verlassen wir den Steig und folgen den Wegweisern zum Knottnkino auf einen Sattel und nun bergauf durch den Wald. Bald stehen wir an der Geländekante mit den Kinosesseln und genießen den „Film“. Wieder zurück beim Sattel, gehen wir über Wiesen bergab (Weg Nr. 14A), mit schönem Blick nach Süden übers Etschtal, zur Landesstraße mit dem Parkplatz beim Hofschank Egger. Dann folgen wir einem Feldweg ein kurzes Stück parallel zur Autostraße und gehen durch Wiesen auf die Seilbahnstation zu und zum Ausgangspunkt zurück.

DAS KNOTTNKINO VON VÖRAN

Im Westen fallen die Flanken der 1.465 m hohen Kuppe des „Roatstoans“ senkrecht gegen das Etschtal hin ab, von Osten her kann der bewaldete Felsrücken problemlos erwandert werden. Der Eintritt zum originellsten Kino Südtirols ist frei! Hier stehen die 30 Klappsessel aus wetterfestem Kastanienholz, das „Knottnkino“, das der Rittner Künstler Franz Messner (1952–2017) errichtet hat. Auf der „Leinwand“ zu sehen ist das einzigartige, sich je nach Jahreszeit, Wetter und Sonnenstand ändernde Panorama über das Etschtal, Meran, die Ultner Berge und das Ortlermassiv.

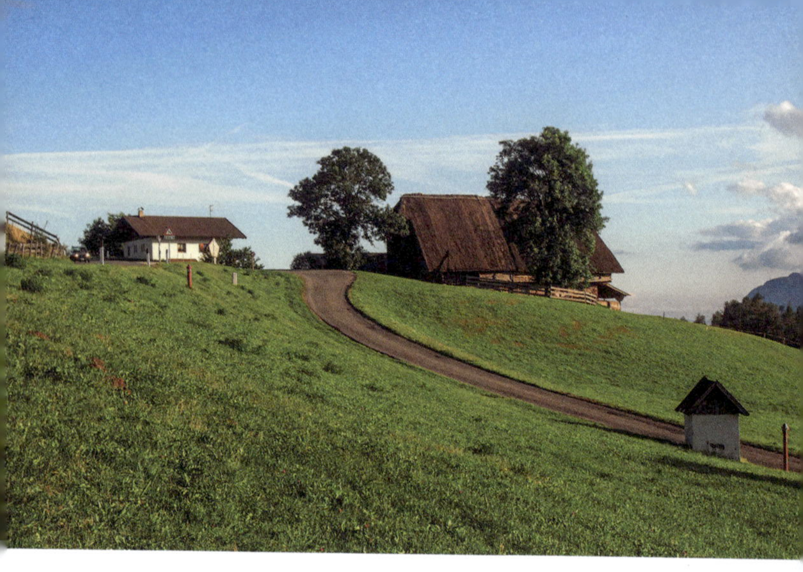

EINKEHRTIPPS

Hofschank Eggerhof: Vor wenigen Jahren neu ausgebauter Bauernhof, Parkplatz zum Knottnkino, von hier direkter Zustieg (45 Gehminuten, 190 Höhenmeter) zum Knottnkino möglich. Vöraner Str. 14, Vöran, Tel. 0473 278126, www.egger-hof.com, geöffnet Ostern bis Nov.
Café Restaurant Das Stübele: Oberhalb vom öffentlichen Parkplatz (1.328 m) beim Gasthaus Grüner Baum steht das Holzhäuschen mit einem netten kleinen Wirtshaus und großer Terrasse, gute Küche und gepflegte Weine, eigener kostenloser Parkplatz. Leadner-Alm-Weg 1, Vöran, Tel. 380 9014613, Mo. Ruhetag.
Café Sunnseit: Bar-Konditorei an der Bergstation, wunderbare Aussicht, Garten, kleine warme Gerichte. Achtung, Hunde nicht erlaubt! Seilbahnstr. 13, Vöran, Tel. 389 9595968.

INFOS IN KÜRZE

Rundweg mit tollem Panorama und originellem Zwischenziel.
Vöran, Bergstation Seilbahn, 1.180 m
mittel
3 h
330 Hm
9,4 km
Von Frühjahr bis Spätherbst.
Bis Burgstall im Etschtal an der Staatstraße. Parkplätze an der Talstation der Seilbahn. Oder mit dem Auto: Ab Terlan nach Mölten und weiter bis Vöran (22 km) oder ab Meran nach Hafling und weiter bis Vöran (20 km). Parkplätze im Dorf Vöran.
Auch im Winter sehr sonnig und bei wenig Schnee möglich.

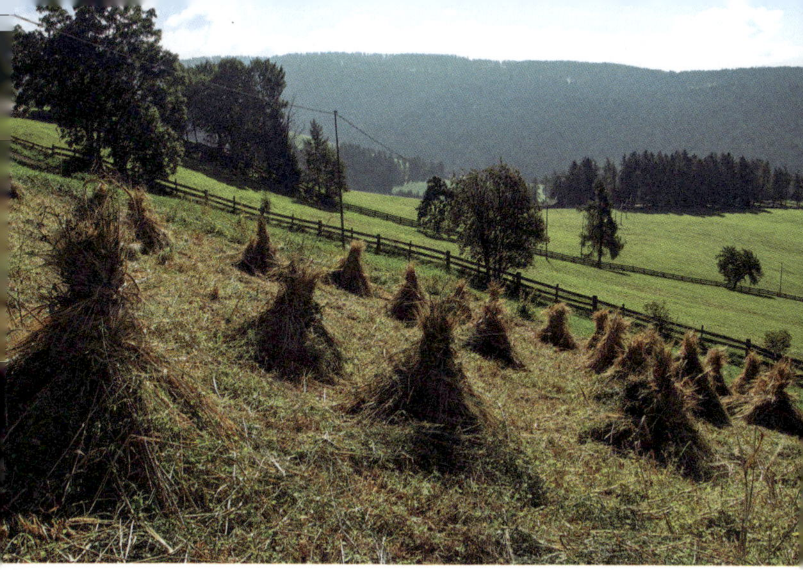

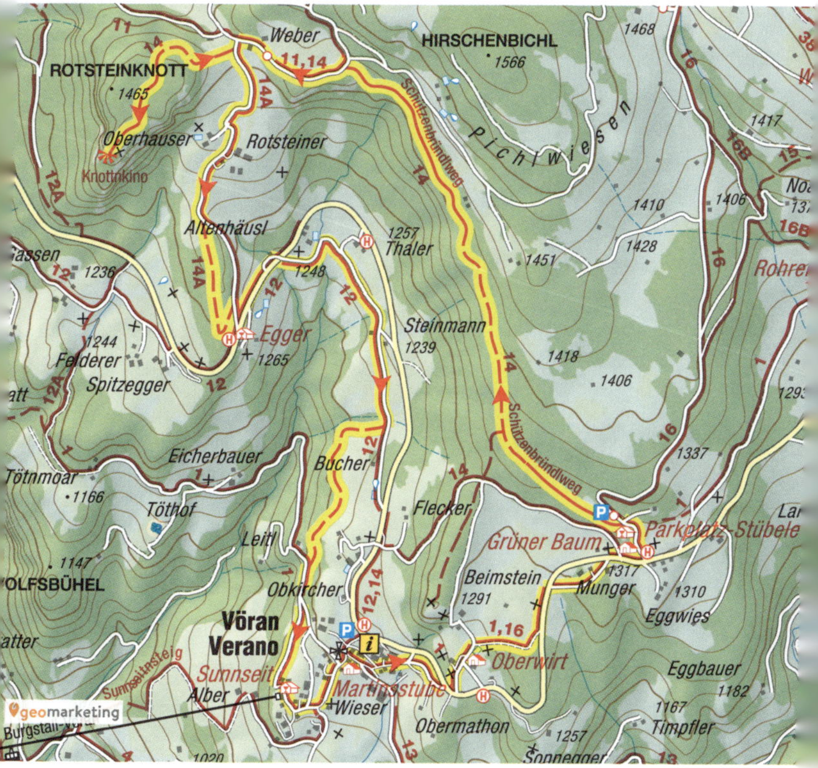
ROTSTEINKNOTT
1465
Oberhauser
Knottnkino
Weber
11,14
HIRSCHENBICHL
1566
Pichlwiesen
Schützenbründlweg
Rotsteiner
Altenhäusl
14A
1257
Thaler
1248
Gassen
1236
Egger
1265
1244
Felderer
Spitzegger
Steinmann
1239
1451
1418
1406
1410
1428
1406
1417
1468
Rohrer
Eicherbauer
Tötnmoar
1166
Töthof
Bucher
Flecker
Grüner Baum
Parkplatz-Stübele
1337
Leiti
1147
WOLFSBÜHEL
Obkircher
Beimstein
1291
Munger
1317
1310
Eggwies
Vöran
Verano
Sunnseit
Sunnseitnsteig
Alber
Wieser
Martinsstube
Oberwirt
Obermathon
1,16
12,14
Eggbauer
1182
1167
Timpfler
1257
Sonnegger
1020
Burgstall
geomarketing

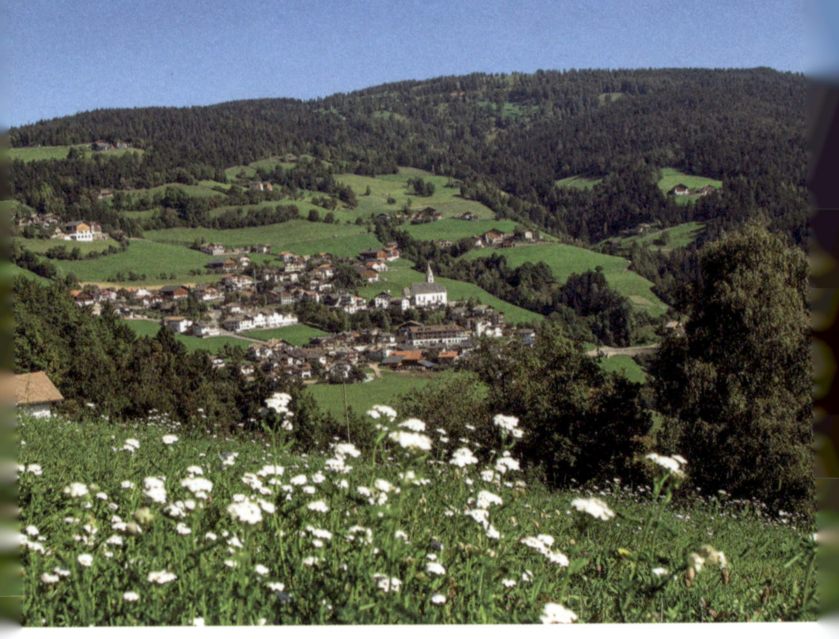

30 Von Mölten nach St. Ulrich

Auf einer aussichtsreichen Bergkuppe bei Mölten, gleich neben dem Kirchlein zum hl. Ulrich, stehen der Bauernhof und die Gastwirtschaft St. Ulrich. Die freie Lage und die weite Rundumsicht von diesem Platz sind unvergleichlich. Eine große Wiese und der nahe Wald vervollständigen die ländliche Idylle, es ist ein das ganze Jahr über beliebtes Ziel. Wir lassen heute das Auto in der Garage, fahren mit der Seilbahn von Vilpian auf die Bergkante bei Mölten und wandern von dort gemütlich nach St. Ulrich. Für den Rückweg schlagen wir eine andere Route ein, sie führt uns ins Dorf Mölten und von dort wieder zur Seilbahnbergstation zurück.

Die kleine Seilbahn startet in Vilpian im Etschtal, in vier Minuten bringt sie uns in kühnem Schwung, ohne weitere Stützen, auf die Kante des Tschögglberges. Der rotbraune Porphyrfelsen fällt steil zum Tal ab, an der Bergstation startet der Weg Nr. 15 („St. Ulrich"). Nach wenigen Gehminuten auf Asphalt schlängelt sich der Steig durch felsdurchsetzten Wald bergauf zu den Häusern von Schlaneid, durchquert den kleinen Weiler mit der Mini-Kirche zum hl. Valentin und läuft bei Bauernhöfen angenehm in Wiesen aus. Die Aussicht über das Etschtal und zu dem gegenüberliegenden Mendelkamm ist

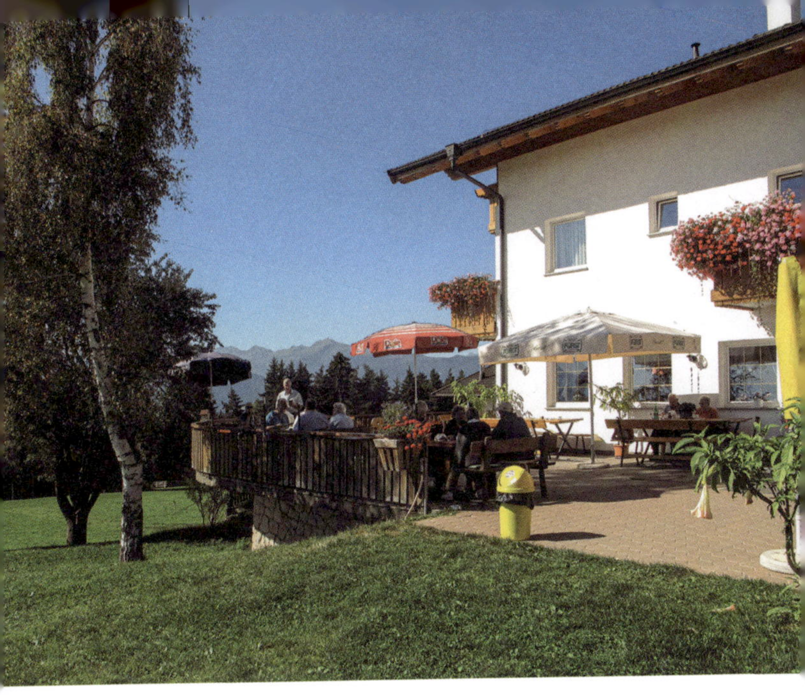

grandios und beeindruckend. Bei einer Wegteilung nehmen wir den nun breiten „Rundweg St. Ulrich“ nach links, in nordwestlicher Richtung, bis zur nächsten Abzweigung, hier geht es rechts, den Schildern „St. Ulrich“ nach, oberhalb von einem Speicherbecken zu den Wiesen mit der Kuppe und dem Bauernhof und Gasthaus St. Ulrich. Für den Rückweg nehmen wir an der Rückseite des Hauses den Steig Richtung Mölten (Schild mit dem Symbol des Kirchleins), er bringt uns zur Landesstraße Schlaneid-Vöran, wir überqueren sie, gehen auf der Zufahrt nach Mölten kurz bergab und fädeln dann einen steilen Feldweg ein, der rechts über Wiesen, am Wargerhof vorbei und nun als Wiesensteig in Sichtweite des Dorfes Mölten an der Autostraße endet. Beim Ortsschild Mölten, eine stilisierte riesige Sektflasche weist auf eine bekannte Sektkellerei hin, beginnt

SEKTKELLEREI ARUNDA

In Mölten befindet sich die höchstgelegene Sektkellerei Europas. Sepp und Marianne Reiterer stellen nach der klassischen Flaschengärungsmethode vielfach prämierte Spitzensekte her. Ein Besuch gegen Voranmeldung inklusive Verkostung ist ein prickelndes Erlebnis. Info und Anmeldung: Sektkellerei Arunda, Prof.-Josef-Schwarz-Str. 18, Mölten, Tel. 0471 668033, www.arundavivaldi.it.

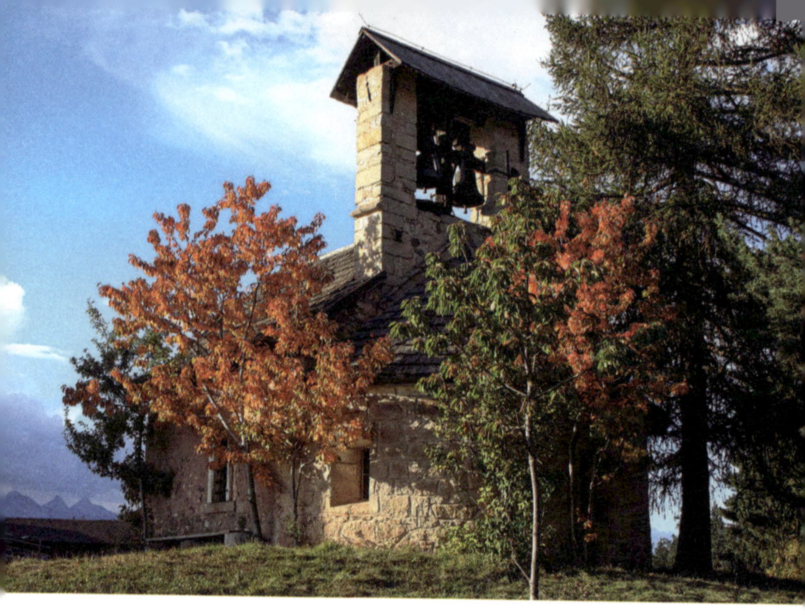

der sehr schöne Seilbahnsteig (Nr. 1). Dieser Weg ist als Abenteuer- und Erlebnisweg für Kinder ausgebaut, es gibt riesige hölzerne Haflingerpferde, Baumhäuser und seilgesicherte Felswände zum Turnen, Kraxeln und Tollen. In einer knappen Stunde Gehzeit ab der Abzweigung an der Autostraße wandern wir durch abwechslungsreiches Gelände mit Wiesen, Wald und zuletzt bergab zur Bergstation der Seilbahn zurück.

EINKEHRTIPP

Gasthof St. Ulrich: Berggasthaus und Bauernhof auf 1.340 m, Sonnenterrasse, Kinderspielplatz, Naturkegelbahn, gute Hausmannskost, herrliche Kuchen und Torten. Aschler Bach 1, Mölten, Tel. 0471 668056, www.sanktulrich.com, ganzjährig geöffnet, im Winter nur an den Wochenenden, Mo. Ruhetag.

DAS KIRCHLEIN ST. ULRICH

Das Augsburger Bistum St. Afra – der Bistumspatron ist der hl. Ulrich – hatte hier im Mittelalter einst ausgedehnte Besitzungen, so ist das Kirchlein, das mit seinem romanischen Grundriss aus dem 13. Jh. stammt, als Zeichen der Zugehörigkeit zum Augsburger Bistum, diesem Heiligen geweiht. Das Altarblatt stammt vom Maler Anton Psenner (1791–1866) aus Völs, einem Vertreter der Nazarenerschule.

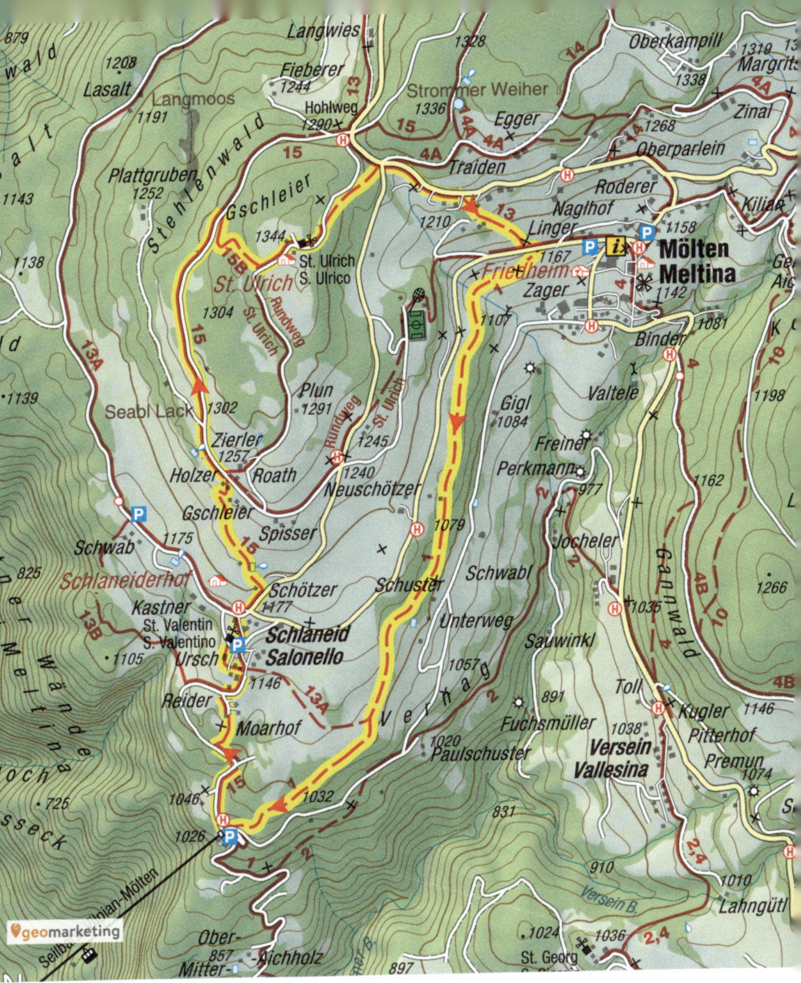

INFOS IN KÜRZE

Landschaftlich sehr attraktive Wanderung, am Ziel ein schöner Landgasthof.

Bergstation Seilbahn Vilpian-Mölten, 1.024 m

mittel, am Rückweg kurzes steiles Wegstück

2 h 30 min

350 Hm

6,8 km

Wegen der Höhenlage ideale Sommerwanderung, bei Schneefreiheit oder guten Wegverhältnissen auch schöne Winterwanderung.

Vilpian im Talgrund liegt an der Staatstraße. Haltestelle für Bus und Bahn.

Falls Sie an Sonn- und Feiertagen im Gasthof St. Ulrich zu Mittag einkehren wollen, unbedingt Plätze reservieren.

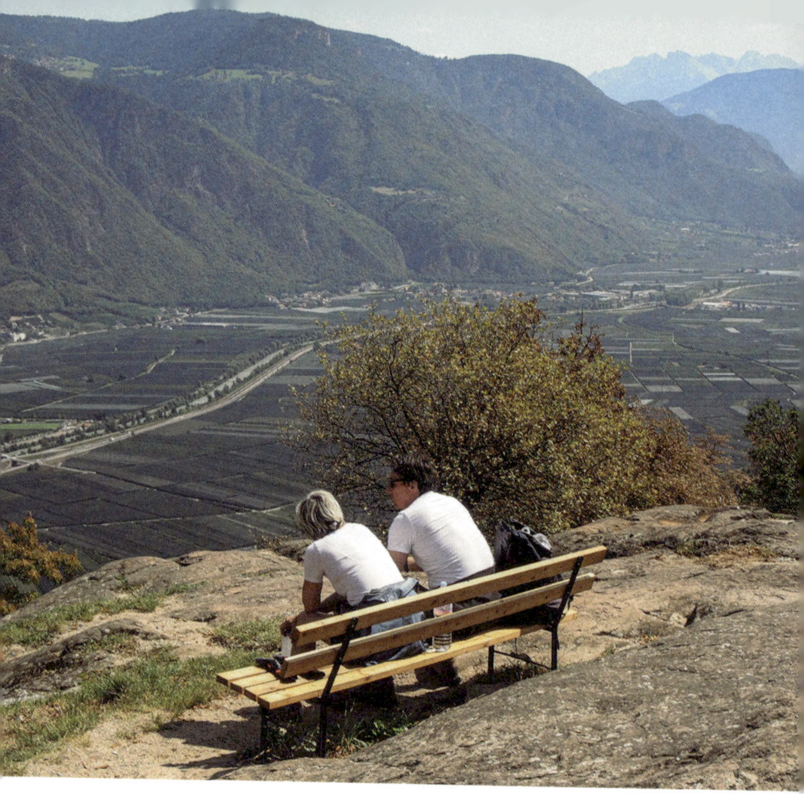

31 Zum Hippolyt-Kirchlein bei Tisens

Hoch über Lana liegt auf einem von Gletschern abgeschliffenen Felsenbuckel beherrschend und ungemein aussichtsreich das Höhenkirchlein zum hl. Hippolyt. Hermann Mang, Volkstumspfleger und Domdekan von Brixen, schreibt 1942 in einem Büchlein über St. Hippolyt recht blumig: Es steht „kühn auf einem Hügel [...] und [schaut] weit über das sonnige Land hinaus [...], in das Land der Burgen und Kirchen, der breiten, behäbigen Ortschaften und der einsamen Berghöfe, in das Land der stolzen Berge und der fruchtbaren Weingelände [...].“ Dieser Beschreibung ist nicht viel hinzuzufügen, das passt auch heute noch!

Wir starten an der Gampenstraße, die von Lana heraufkommt. Nach einem Tunnel, gut beschildert, finden wir einen freien Parkplatz und starten die Wanderung. Ein Forstweg schlängelt sich durch Laubwald und eine von abgeschliffenen Felsen und kleinen Terrassen geprägte Landschaft auf den Hügel. Der Wald lichtet sich

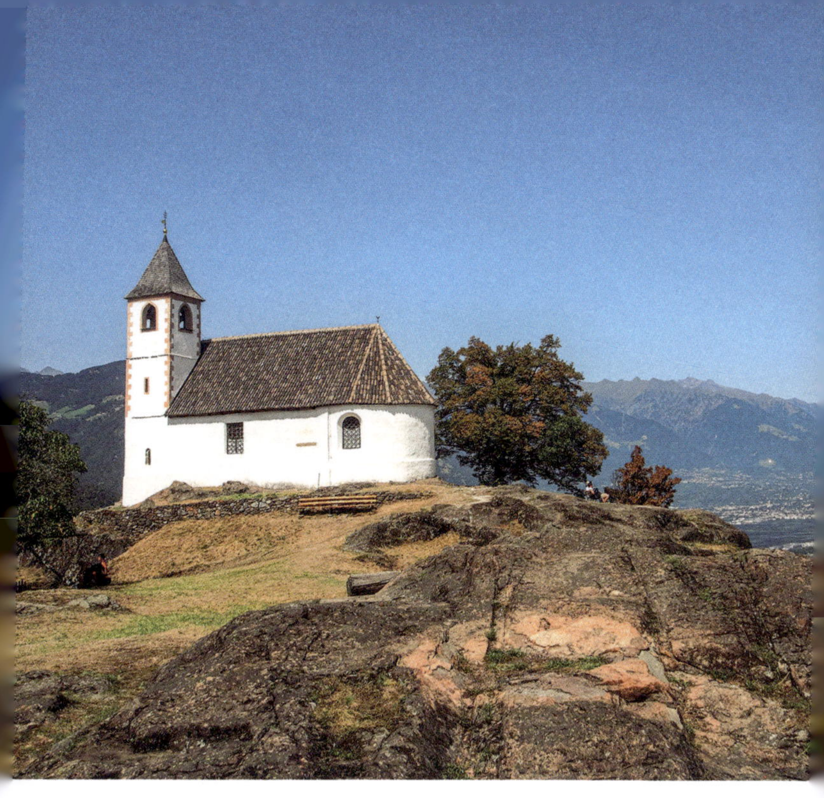

zusehends und macht Büschen Platz. Stationen und Gedenktafeln erinnern uns, dass wir auf einem Besinnungsweg zum Gedenken an Papst Johannes Paul II. unterwegs sind und laden zum Nachdenken ein. Nach etwa einer halben Stunde sind wir auf der Felskuppe mit der Kirche angelangt. Das etwas unterhalb stehende Gasthaus wurde

DIE HIPPOLYT-KIRCHE

Funde belegen, dass der exponierte Felshügel bereits vor Tausenden von Jahren besiedelt war. Im 6. Jh. wird ein langobardisches Kastell mit Namen „Tesana" erwähnt, möglicherweise hat es hier gestanden. Die Kirche mit romanischen Stilelementen wird erstmals 1288 schriftlich erwähnt. Sie ist mustergültig restauriert, aber leider nicht zugänglich. Kirchenpatron ist der hl. Hippolyt, Bischof im frühchristlichen Rom (3. Jh.). Im Zuge der Christenverfolgung wurde er ins Exil nach Sardinien vertrieben, musste in einem Bergwerk arbeiten und starb dort an Entbehrung. Deshalb wird er als Märtyrer verehrt.

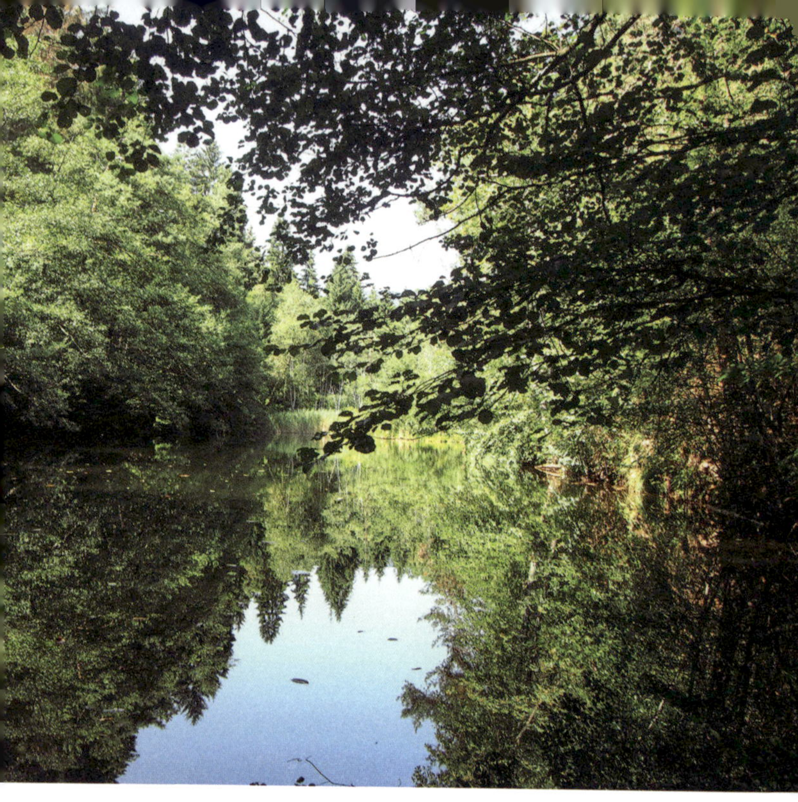

vor Kurzem restauriert und wiedereröffnet. Aber das Schönste ist hier die unvergleichliche Aussicht zum Meraner Becken und übers Etschtal! Bänke und Felsstufen laden zur Rast ein. Für den Rückweg folgen wir auf der Nordseite einem anfangs holprigen Steig mit der Markierung Nr. 5 bergab durch Wald zu einem Sattel, dort bleiben wir an einer Wegteilung links und folgen eben den Schildern in Richtung Tisens und Narauner Weiher. Ein schattiger Waldweg säumt einen verträumten kleinen Waldsee und führt uns wieder zum Ausgangspunkt zurück.

EINKEHRTIPPS

Gasthaus Hippolyt: Neben der gleichnamigen Kirche gelegen. Stilvoll ausgebaut, Sonnenterrasse, traditionelle Gerichte. Tisens-Naraun, Tel. 0473 420037, www.gasthaus-hippolyt.it. Sa.–Mi. 10–18 Uhr geöffnet, Do. und Fr. Ruhetage.

Restaurant Zum Löwen: Anna Matscher, Südtirols einzige Sterneköchin, führt in Tisens ein schönes, einmalig gutes Restaurant. Hauptstr. 72, Tisens, Tel. 0473 920927, www.zumloewen.it, Mo. und Di. Ruhetag.

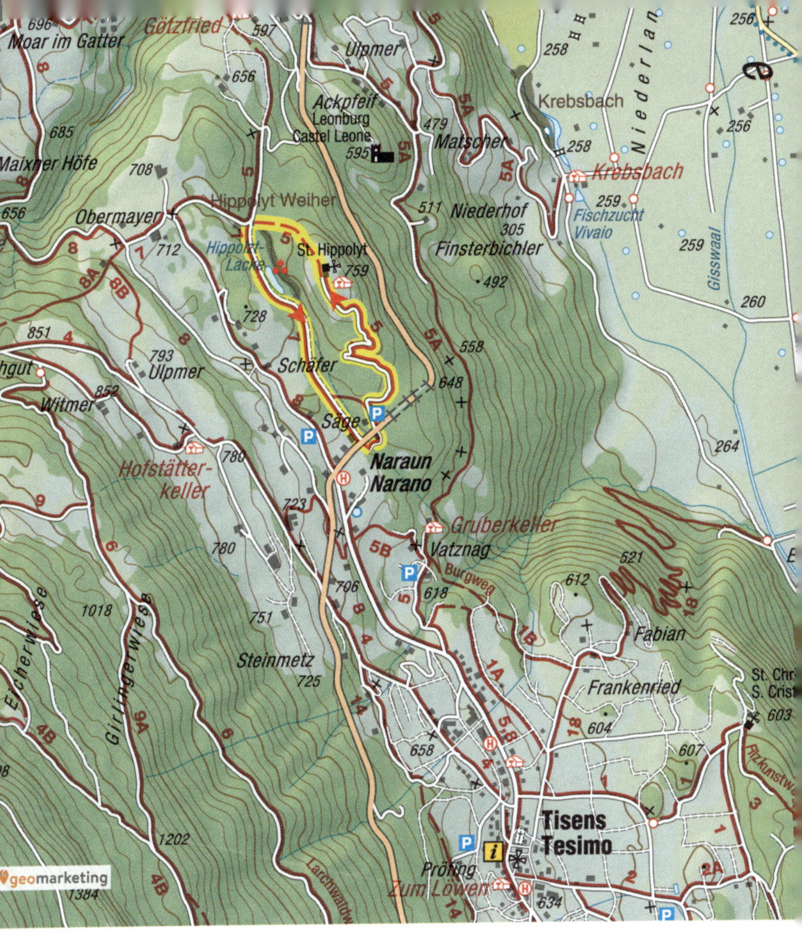

INFOS IN KÜRZE

Rundwanderung durch geschichtsträchtige, vielseitige Landschaft mit prachtvoller Aussicht

Parkplatz an der Gampenstraße, Naraun, 652 m

Hinweg leicht, Rückweg mittel, weil kurze, holprige Steigpassagen.

1 h

110 Hm

2,4 km

Frühling, Herbst und Winter, in den Sommermonaten die Mittagszeit vermeiden.

Von der Falschauerbrücke in Lana auf der Gampenstraße SS 238 für 5,5 km bis zum Parkplatz Naraun kurz vor der Abzweigung nach Tisens. Mit öffentlichem Bus ab Lana, Haltestelle am Parkplatz.

Über das Pfarramt Tisens (Tel. 0473 920926) kann ein Pilgerbüchlein angefordert werden, dort ist auch der Schlüssel zur Besichtigung des Kirchleins oder für Feiern erhältlich.

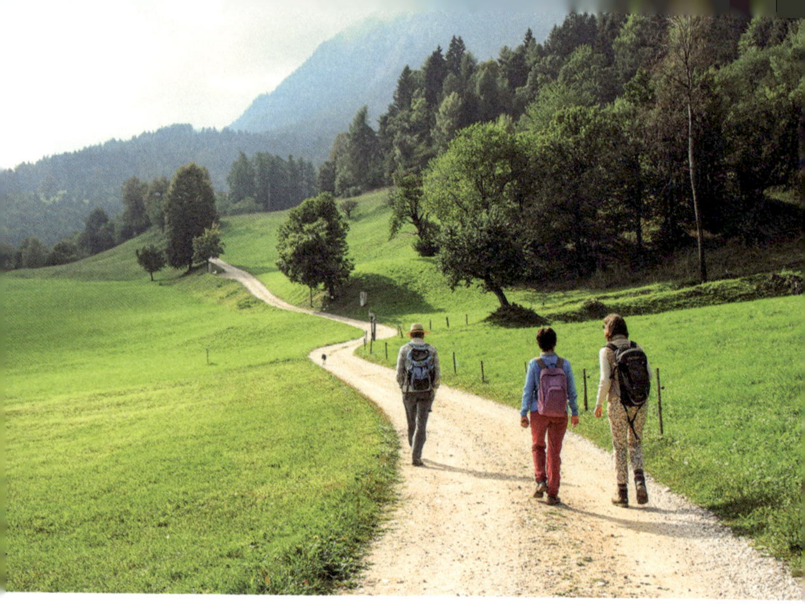

32 Ins Mittelgebirge bei Tisens

In der malerischen Mittelgebirgslandschaft über dem Etschtal liegen, erhöht zwischen Lana und Nals, die Ortschaften Sirmian, Grissian, Prissian und Tisens, eingebettet in Obstgärten, Kastanienhaine und Mischwald. Auf Anhöhen und Felsvorsprüngen finden sich Burgen und Schlösser sowie einige, z. T. uralte Höhenkirchen, am Weg liegen mehrere bemerkenswerte Einkehrmöglichkeiten. Und die Aussicht über das Etschtal, nach Meran und Bozen und zu den Dolomiten in der Ferne ist einmalig. Grund genug, auf der kleinen Hochebene eine abwechslungsreiche Wanderung zu diesen stimmungsvollen Kraftorten zu unternehmen.

Wir folgen in Prissian den Hinweisschildern nach Grissian und parken in der Nähe des herrlich gelegenen Bauerngasthauses Schmiedlhof. Die Markierung leitet uns nun zur Jakobskirche, die schon von einem nahen Hügel herüberwinkt. Nach der ausführlichen Besichtigung der alten Kirche folgen wir den Wegweisern nach Apollonia. Der breite Forstweg geht in einen Waldsteig über, der durch Mischwald mit mächtigen Buchen und Fichten bergauf führt. Kurz vor dem Apolloniakirchlein, das bereits zwischen den Bäumen herauslugt, geht es noch steil bergab, der Steig wird holprig und steinig, bis er beim Restaurant Apollonia auf die asphaltierte Zufahrtsstraße stößt. Nach der Einkehr im Berggasthaus und der Kirchenbesichtigung steigen wir den steilen Pfad bis zu den Bauernhöfen und Obstanlagen von Untersirmian ab. Hier biegt der Weg (Nr. 10) in den Graben des Nalser Baches, überquert ihn auf einer festen Holzbrücke und verläuft am Gegenhang zuerst durch Wald und zuletzt durch Weinberge und Obstanlagen zur Grissianer Straße und zum Schmiedlhof hinauf, wo sich der Kreis schließt.

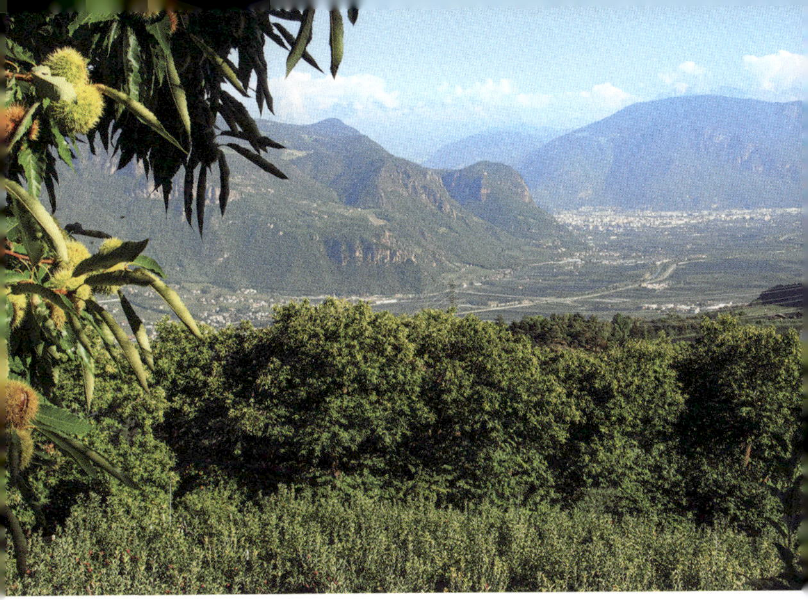

DIE BERGKIRCHE VON ST. JAKOB

Die Kirche liegt an dem einst beschwerlichen Weg auf den Gampenpass. Als im 11. und 12. Jh. die Wallfahrten ins spanische Compostela einsetzten, wurden in Tirol längs des beschwerlichen Jakobsweges einige Höhenkirchen erbaut, dieses Jakobskirchlein wurde bereits 1142 geweiht. Die Fresken im Inneren aus dem 13. Jh. zeigen das Opfer von Abraham und Kain und Abel. Im Hintergrund ist die älteste Darstellung der schneebedeckten Dolomiten zu sehen. Bemerkenswert sind auch die stattliche Holzplastik des Pilgers Jakobus und außen, am Aufgang zur Kirche, der schön freskierte Bildstock.

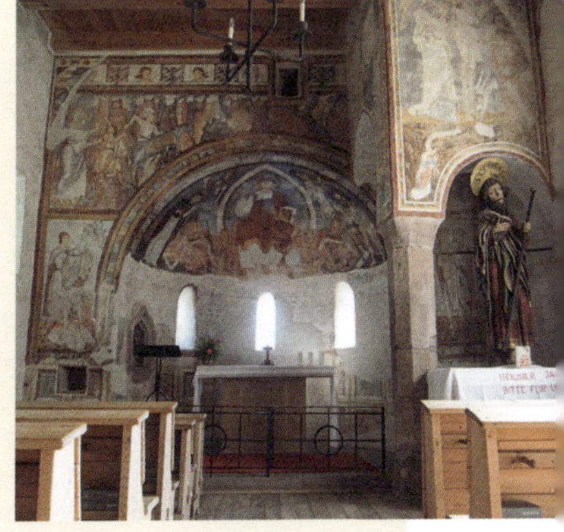

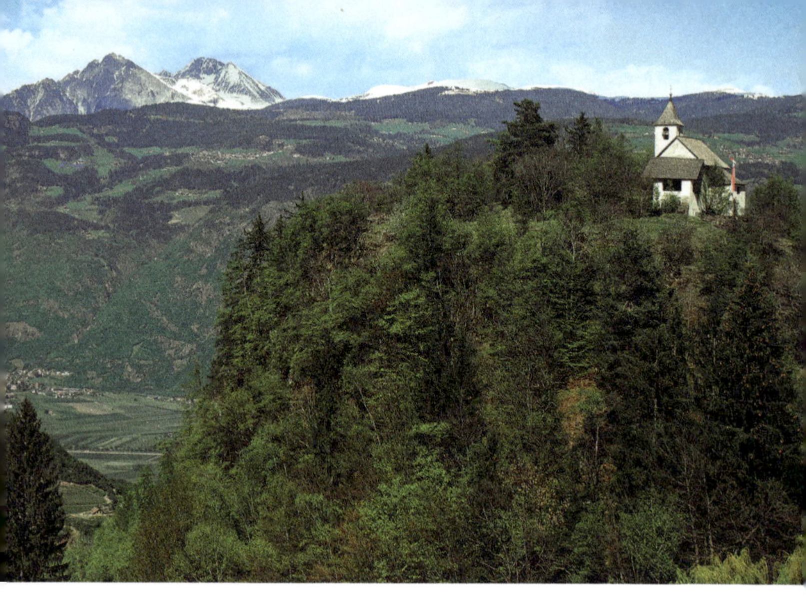

EINKEHRTIPPS

Gasthaus Schmiedlhof: Gemütliches Bauerngasthaus mit einfacher Tiroler Kost, Gastgarten mit rustikalen Tischen und Bänken unter einem Nussbaum, toller Panoramablick. Grissian 6, Nals, Tel. 0473 920993, ganzjährig geöffnet, Di. Ruhetag.
Restaurant Apollonia: Gepflegtes Restaurant am Fuß des Kirchhügels, Stuben, Wintergarten, Gartenterrasse, Liegewiese. St.-Apollonia-Weg 3, Nals-Sirmian, Tel. 0471 1550562, www.restaurant-apollonia.it, Mitte März–Mitte Dez. geöffnet, Mo. Ruhetag.
Gasthof Restaurant Jäger: 200 m vom Apolloniakirchhügel entfernt, kleines Hotel mit sehr gutem Restaurant, Gartenterrasse. St.-Apollonia-Weg 5, Nals-Sirmian, Tel. 0471 678605, www.gasthof-jaeger.com, geöffnet von Mitte März–Anf. Jan., Di. Ruhetag.

DAS APOLLONIAKIRCHLEIN

Die einsame und unzugängliche Höhenkirche wurde der hl. Apollonia geweiht. Der Überlieferung nach wurden der standhaften Christin zur Zeit der Verfolgungen im 3. Jh. alle Zähne ausgeschlagen. Sie wurde bei Zahnschmerzen angerufen und ist deshalb die Schutzpatronin der Zahnärzte. Im Apolloniakirchlein steht ihre Statue mit einer Zange und einem gezogenen Zahn. Die Kapelle ist geschlossen, der Schlüssel wird im nahen Restaurant Apollonia (fünf Minuten steiler Pflasterweg) verwahrt.

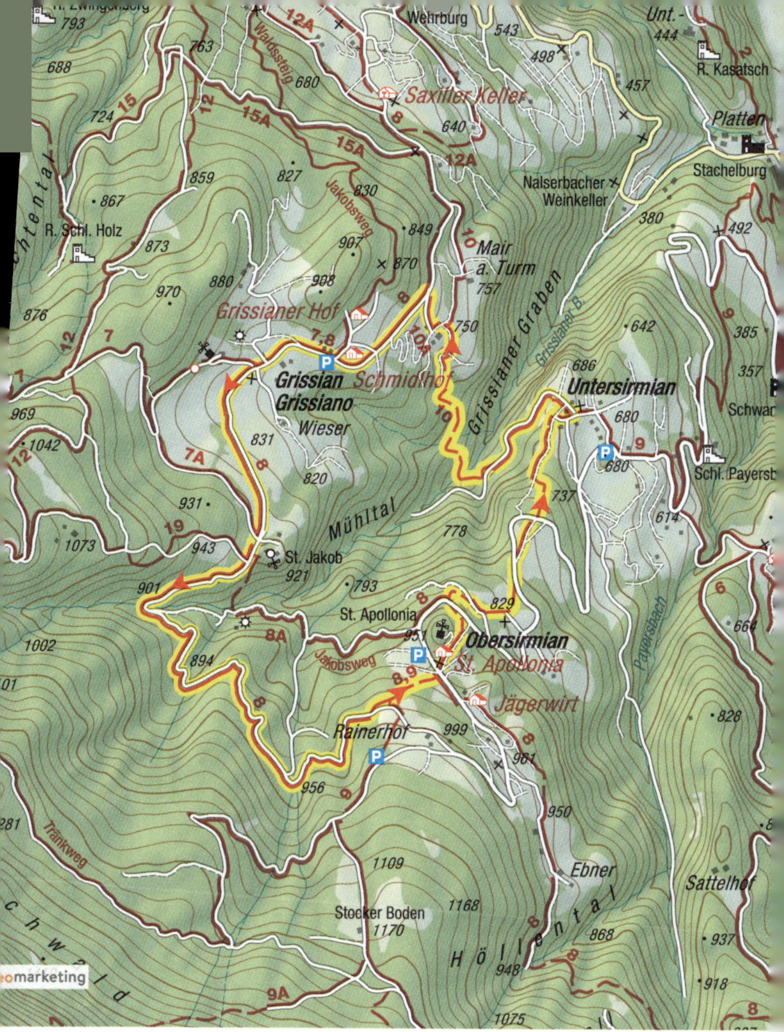

INFOS IN KÜRZE

Ideale Kombination von Kunst, Landschaft und Gastronomie

Grissian, Gasthof Schmiedlhof, 830 m

mittel

2 h 30 min

355 Hm

6,6 km

Ideale Herbstwanderung, wir sind im Kastaniengebiet unterwegs, die Kastanie ist eine Hauptzutat beim Törggelen.

5,2 km von Nals nach Prissian und weiter nach Grissian zum Schmiedlhof. Parkplatz am Haus. Bus bis Prissian, dann zusätzlich 2,1 km und 50 min Gehzeit zum Schmiedlhof.

SEILBAHN UNTERSTELL • NATUR

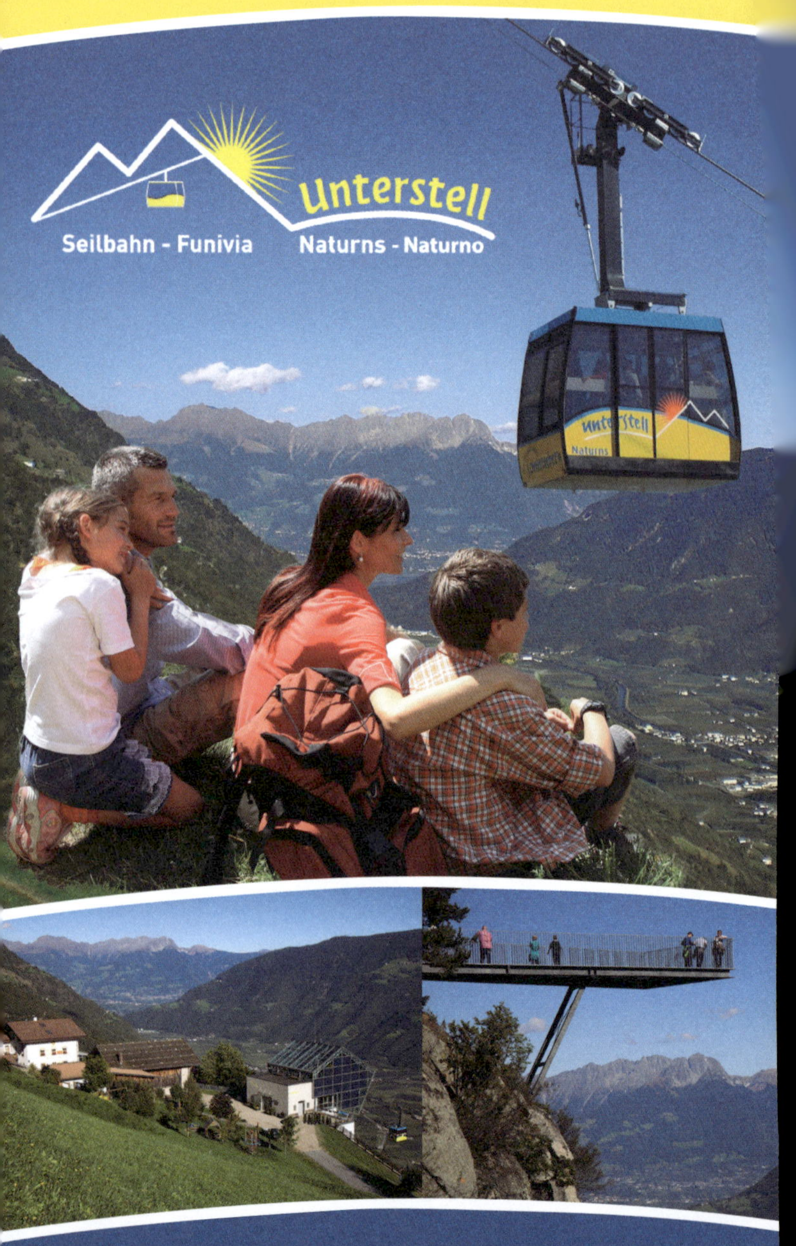

Wandern am Naturnser Sonnenber

Tel. +39 0473 66 84 18 - www.unterstell.